3ステップで学ぶ
自治体SDGs

STEP

事例で見るまちづくり

笹谷 秀光

ぎょうせい

はじめに

新型コロナウイルスのパンデミック（世界的大流行）は、改めて自分の国は大丈夫か、自分の組織は大丈夫か、ということを全ての人に考えさせました。そして、自治体の役割に大きな注目が集まっています。

「ニュー・ノーマル」（新常態）に向けた大変革の時代において、世界的視野の「羅針盤」があると心強い。それがＳＤＧｓ（持続可能な開発目標：Sustainable Development Goals）です。

ＳＤＧｓは、「我々の世界を変革する：持続可能な開発のための２０３０アジェンダ」というタイトルの２０１５年の国連文書に盛り込まれました。要するに、２０３０年を目標年次とする持続可能な社会づくりに向けての世界の共通言語です。パンデミックからの回復戦略にも未来志向と変革志向でできているＳＤＧｓに掲げられた17目標や１６９のターゲット（やるべきことリスト）がヒントを与えてくれます。

政府に設置された全閣僚をメンバーとするＳＤＧｓ推進本部は、２０１６年にＳＤＧｓ推進基本方針を定めました。そして、日本でのＳＤＧｓの重点3分野として、Ｓｏｃｉｅｔｙ５・０、次世代育成・女性活躍の推進と合わせて、地方創生を選びました。

地方創生については、「まち・ひと・しごと創生法」（２０１４年施行）が大変よくできた法律です。珍しくひらがなの法律で、読んで字のごとく「まち」「ひと」「しごと」という3つの角度から地方創生に対応します。この法律により、制度、組織、そして予算措置ができました。この3点がそろっていることが、かつての「地域創生」や「ふるさと創生」などと大きく異なる点です。

そして、２０１７年には、地方創生へのＳＤＧｓの活用が始まりました。

具体策として、優良な取り組みを認定する「ＳＤＧｓ未来都市制度」により、すでに２０１８～２０２０年の3年間で94の自治体が選定されています。政府は２０２０年までに約５００の自治体でＳＤＧｓが実践されることを目指しています。今年２０２０年は自治体ＳＤＧｓの「実装元年」とも言い得る年です。

第1巻や第2巻でも、強調しましたが、次の点を改めて確認しておきましょう。ＳＤＧｓは、自主的取り組みが基本です。「やれる人がやれるところからすぐにでも着手しよう」というルールです。そうしなければ、もはや地球規模の課題の対処に間に合わないという危機感が背景にあります。

このルールは怖いです。どんどん差がつくからです。「ぼーっと」していれば置いていかれます。日本が欧米に置いていかれる。日本の中でもＳＤＧｓ仲間の埒外に置かれる。ＳＤＧｓ未来都市の仲間から外れていく、といったことになります。

ルールが変わったのです。横並び思考から一刻も早く抜け出して、すぐにでも自身の自治体は何をすべきか、自分は何ができるかを、ＳＤＧｓをヒントに考えなければいけません。今ならぎりぎり間に合うでしょう。

本シリーズの第1巻でＳＤＧｓの基本を理解し、第2巻で実践のメソッドを示しました。この第3巻では、先駆的な取り組み事例を分析します。

事例を見る視点が大事です。問題意識がないまま事例を見ても、本質をつかめません。

そこで、「キュレーター（ｃｕｒａｔｏｒ）」という単語があります。「学芸員」と訳され、美術館で絵画のできた背景なども含めて紹介し鑑賞者の理解を深める役割です。情報が氾濫する今日、広義の「キュレーション」、つまり情報を読者に役立つような視点で分析することが求められています。

そこで、この第3巻では「ＳＤＧｓ」という視点から地方創生事例を紹介する「キュレーター笹谷秀光」としての役割を目指します。本書では、関係者との連携に焦点をあてます。企業事例については、『Ｑ＆Ａ　ＳＤＧｓ経営』（日本経済新聞出版・２０１９年10月）も併せてお読みください。首長などとの対談内容も紹介します。私の農林水産省での31年間の行政経験、株式会社伊藤園・取締役等としての11年のビジネス経験及び千葉商科大学での経験を総合します。

本書が自治体ＳＤＧｓやＳＤＧｓによる未来まちづくりに興味をお持ちの自治体関係者はもちろん、企業、学会、メディアなど関係者の方々のヒントとなれば幸いです。

令和２年10月

千葉商科大学基盤教育機構・教授　笹谷　秀光

目　次

第2章　事例で見るSDGs①しごとづくり

第3章　事例で見るSDGs②ひとづくり

Sustainable Development Goals

目次

※本書中の第1巻、第2巻、第3巻とは、本シリーズ以下の書名を指す。
第1巻『ＳＴＥＰ①　基本がわかるＱ＆Ａ』
第2巻『ＳＴＥＰ②　実践に役立つメソッド』
第3巻『ＳＴＥＰ③　事例で見るまちづくり』

Sustainable
Development
Goals

第1章

SDGsによる未来まちづくりとは

SDGsという世界共通言語を使うと未来志向で世界に通用するまちづくりに役立ちます。そのポイントを理解しましょう。

未来まちづくり

全国各地で自治体がＳＤＧｓを活用したまちづくりを工夫しています。

まちづくり関連では、私は農林水産省で、初代の中山間地域活性化推進室長を務めました。「中山間地域」とは１９９３年頃できた、平野部と山村の「間」の地域ということで、地理的条件に恵まれない地域を指す言葉です。

一方で全国の卸売市場を所管する「市場課長」も経験しました。食品流通の中で重要な役割を担う卸売市場は移転前の築地市場や移転後の豊洲市場のように都市部に所在します。都市部における大規模な施設整備と運営を学ぶことができました。

今の時代は、「東京対地方」といった、かつての二項対立的な見方ではまちづくりは進みません。日本語で「地方」と言うと、どうしても「東京対地方」や「都会対田舎」といったイメージが漂います。しかしながら、東京都にも島しょ部があり、都心の千代田区、港区といった特別区でも活性化は課題です。つまり、都市にも、地方にも様々なエリアにコミュニティがあり、それぞれエリアマネジメントをどうするか、という角度の捉え方が必要な時代です。

この点、ＳＤＧｓの「持続可能なまちづくり」（目標11）は英語では「Sustainable cities and communities」です。

したがって、私としては「地方創生」または「地域活性化」という言葉よりも、「まちづくり」という方が、本書のテーマに合うニュアンスだと思います。そこで、本書での事例紹介はＳＤＧｓによる「未来まちづくり」という視点で語っていきます。

自治体とＳＤＧｓ

未来まちづくりについては、２０１４年に施行された「まち・ひと・しごと創生法」（以下「地方創生法」）が、「まち」「ひと」「しごと」という３つの角度から、エリアマネジメントに新たな視点で対応する法律です。

この法律が施行された翌年、２０１５年の９月にＳＤＧｓができ、その後、政府内での検討を経て、地方創生にＳＤＧｓを活用しようという動きが２０１７年に出てきました。

地方創生における自治体ＳＤＧｓ推進の意義が次頁の図の通りまとめられています。ＳＤＧｓの持つ経済・社会・環境の三要素の統合性を満たす政策推進を行うことにより、人口減少と地域経済縮小の克服を図り、まち・ひと・しごとの創生と好循環の確立を地方創生の目標にした取り組みです。

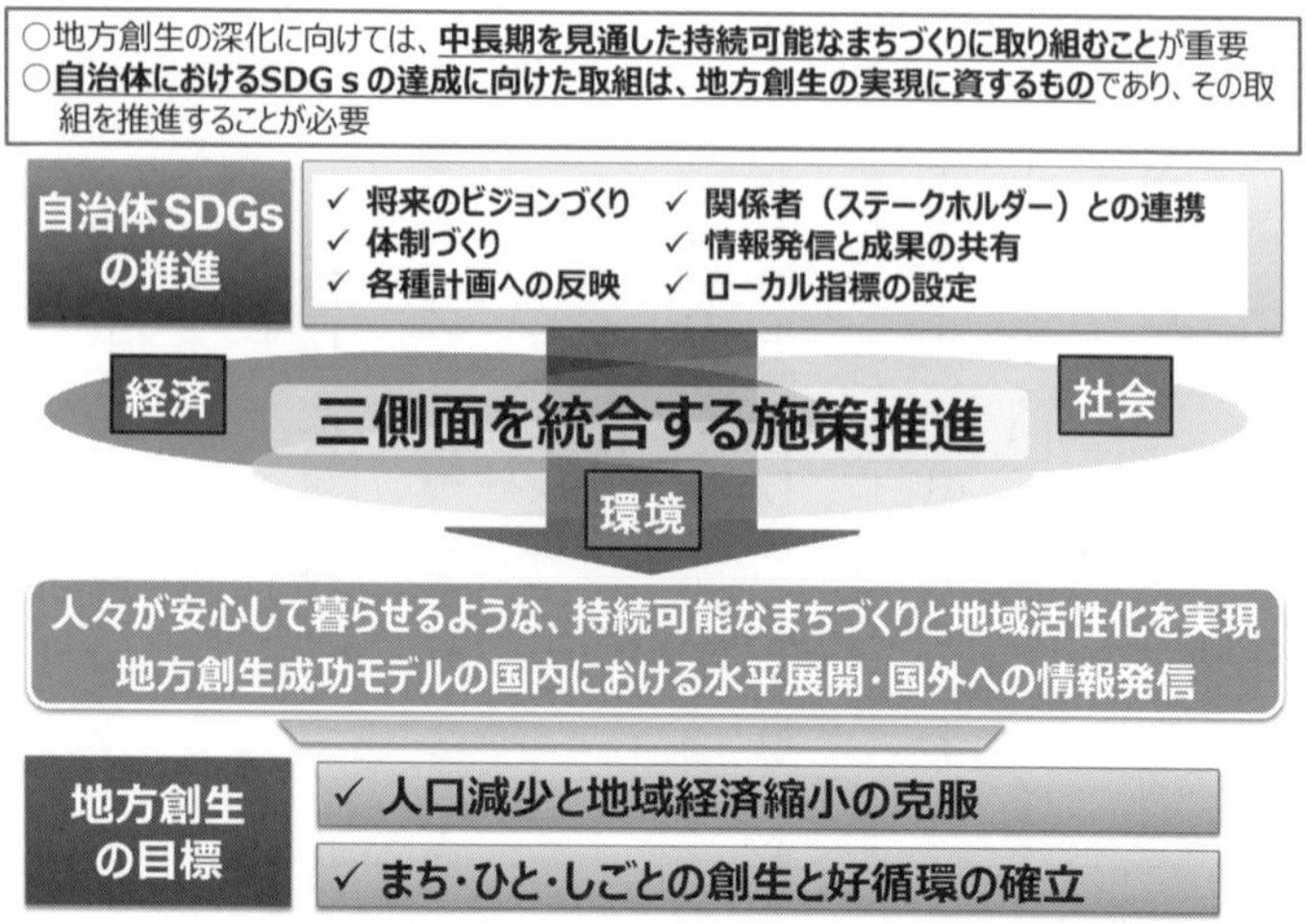

出典：「地方創生に向けたSDGsの推進について」（内閣府地方創生推進室）

地方創生における自治体SDGs推進の意義

「都市SDGs」

SDGsには17の目標や169のターゲットがありますが、これらは相互に密接に関係しますので総合的取り組みが必要です。

地方創生SDGsを担当するのは、内閣府です。各府省は、農林水産省は農林水産分野、厚生労働省は厚生労働分野、国土交通省は国土交通分野、文部科学省は文教・科学分野といった縦割り構造になりがちです。その点、内閣府に置かれた地方創生推進事務局は全体調整を行いやすい組織です。

地方創生に最も関連が深い目標11「住み続けられるまちづくり」は「都市SDGs」とも言われ、「まち」という実際に目に見える現場のあるSDGsですので、SDGsについてはイメージがわきやすく、かつ具体的な政策の効果も見えやすいという特徴があります。まずは、その辺りの本質から見ていきましょう。

私は、関係者の協働で未来まちづくりを考える、「未来まちづくりフォーラム」の実行委員長を務めています。２０２１年に第３回目の開催を予定しています。これは民間主導でスタートしたフォーラムですが、関係８府省庁や全国市長会、町村会、知事会の後援名義もいただいています。

２０１９年の同フォーラム（第１回）では、村上周三氏（一般財団法人建築環境・省エネルギー機構理事長）にご登壇いただきました。村上氏は、『私たちのまちにとってのＳＤＧｓ（持続可能な開発目標）—導入のためのガイドライン—』（同機構内の「自治体ＳＤＧｓ検討小委員会」が作成）をまとめられています。このガイドラインは、自治体ＳＤＧｓを推進する上で重要なガイドラインです。村上氏との対談は、自治体ＳＤＧｓの本質や進め方の要諦がよくわかる内容ですので、ここでご紹介します（文中の重要ポイント傍線は筆者）。

自治体ＳＤＧｓの要諦
——村上周三・一般財団法人建築環境・省エネルギー機構理事長との対談

「自治体とは一つの宇宙みたいなもの」

笹谷：ガイドラインの中に、「目標11『住み続けられるまちづくりを』は具体的な空間をイメージしている点で他の目標とは異なる。目標11は都市SDGsとも呼ばれ、都市は“Systems of Systems”と呼ばれるほど多種多様なシステムから構成されており、システム間の連携や統合が強く求められる空間です」と書かれています。そう考えると、目標11はSDGsの実装がしやすい目標だと気づかされ、目から鱗でした。

村上：自治体というのは一つの宇宙みたいなものです。おっしゃるように、そこには食料、エネルギー、教育など市民生活に係わるあらゆるものが重層的にあるんです。ですから、そこにあるものをどうやってバランスをとるかということが自治体行政の根幹になるわけです。

SDGsの理念のひとつが「indivisible whole（分割できない全体）」です。個々の取り組みに軽重があるにせよ、いつも全体的な視点を持ってほしいということを強く言っているわけです。SDGsの目的である持続可能性は経済・社会・環境のどれが欠けてもいけません。その全体を視野に入れて日々の仕事を進める時に、自治体行政には多くの要素が入ってきてSDGs実践の場として非常にバランスの取れたものになると考えています。

笹谷：ガイドラインの中に「地域再生に求められる２つの視点」という記述があります。優れた取り組みを行う自治体をトップランナーとして認定・支援をし、成功事例を他の自治体に幅広く発信し、パートナーシップを推進する――。山で例えると、ピーク（頂上）を高くすることで、裾野が底上げされるということです。

　ＳＤＧｓは、やれる人がやれるところから一刻も早く着手するという自発性を尊重しており、私はあの表現を非常に気に入っています。先生は、どういう風にお思いになっていらっしゃいますか。

村上：昔から、２００８年に環境モデル都市、２０１１年に環境未来都市、総合特区制度などに取り組んできました。政府が音頭をとって優良自治体を表彰します。これにより、最初のステップとしてピークを見える化することができます。次のステップは、ピークの内容を広く社会に発信して、多くの自治体が学習するための材料を提供、裾野を広くすることです。

　学習というのは容易ですが、新しいものをつくるというイノベーションには創造性が必要になります。ピーク

を高くすれば裾野を広げるのは容易です。政府主導の制度はピークだけを顕彰しているのではなく、ピークを顕彰した結果の裾野の広がりを見る視点に立つものです。

ＳＤＧｓが地域創生を加速させる

笹谷：政府がＳＤＧｓアワードを実施しています。自治体では、第１回目に北海道下川町がＳＤＧｓ推進本部長（内閣総理大臣）賞を、福岡県北九州市もＳＤＧｓパートナーシップ賞（特別賞）を受賞しました。第２回目では、鹿児島県大崎町が副本部長（内閣官房長官）賞を受賞しました。

　ああいった顕彰制度はプラットフォームを構築したり、ベストプラクティスを水平展開するのに有効だと思います。どういう風にお考えになっていますか。

村上：我々がすすめたのは顕彰と見える化で取組内容を民間にどう広めるかを考え、プラットフォームをつくりました。全員がその情報を、走りながら共有できる仕組みをつくりたいなと思って努力しているところです。

　自治体行政には垂直的連携と水平的連携があります。垂直的連携とは、異なるガバナンスレベル、例えば個々人や小規模組織レベルでのガバナンス、基礎自治体レベル、都道府県レベル、国レベルでのガバナンスなど適切に役割分担をしながら協働していくことです。水平的連携とは自治体間の連携を指します。

ＳＤＧｓを統合的に推進するためには今までの地方自治体行政では処理しきれない、たくさんのノウハウが必要です。自治体が広域型企業や地域企業と積極的に付き合って、垂直的、水平的にノウハウを収集してまちづくりを活性化することをしてほしいです。

まち・ひと・しごと創生法は２０２０年から第２期が始まります。まち・ひと・しごと創生法には、次の段階に向けた具体化のキャッチフレーズが欲しかったと思っていました。そういう意味で、ＳＤＧｓは地方創生法に、命と筋肉を吹き込んだというそんな感じがしています。

笹谷：そうですね。やはり、いろんなものを投入しないといけないですね。課題先進国といっているぐらいですから。新たな課題がどんどん出てきて、世界でも類を見ない先進国特有の課題もあるわけです。創造性とイノベーションという、ＳＤＧｓで特に企業にも期待されているパーツを深めていかないと解決していかないのではないかと思います。

村上：まち・ひと・しごと創生法で日本が世界に先駆けて地方創生ＳＤＧｓの枠組みをつくるというのは、東南アジアなどに対しても国際協力の起点になると思います。

必要なのはハードウェア、ソフトウェアとハートウェア

村上：日本社会では「まちづくり」というと民よりも官主導の取り組みがイメージされる

傾向があります。これは江戸時代からの伝統がまだ残っているためではないかという気がします。

アメリカなどでは、民が中心になって国やまちをつくるという市民社会が早くから確立されていました。これからのまちづくりは、民、市民社会が中心的なアクターになって進めるというのは大変いいことだと思います。実際に、下川町などの進め方を見ておりますと、レベルの高い市民社会が息づいていることがよくわかります。上からではなく、自分たちの考えでやっているという実態があります。北九州市もそうです。

申し上げたいのは、まちづくりというのは市民社会が中心になるのだということです。行政が後押しするとしても、まちづくりには民間も主役で参加しなければならないと思います。今後、ＳＤＧｓの取り組みを通して市民社会がますます根付くような運動をしていただければと思います。

ＳＤＧｓの取り組みで自治体や企業とお付き合いしていると、トップや経営層と広報部門にはすぐに浸透しますが、事業部門にはなかなか浸透しないんです。事業部門は直面し

村上周三氏（左）と筆者

ている事業活動に没頭していますからＳＤＧｓまで配慮する余裕はないということだと思います。しかし、そこを根気強く、自治体も企業も事業部門に浸透させるような活動をやっていただけたらと思います。

市民間のパートナーシップは社会の基盤です。その意識の浸透にＳＤＧｓの全体的な枠組みが活用できるのではないかという感じを強く持っています。

最近、東日本大震災からの復興の際にも、ハードもさることながら社会システムの復旧の方が大変なことがわかってきました。まさに市民社会をどう構築していくか、いわゆる絆ですよね。ＳＤＧｓの取り組みがそういうものの中核になればいいと思いますね。

笹谷：ハードウェア、ソフトウェア、３つ目のハートウェアが必要なんじゃないかと思うんです。心に刺さってやろうという気持ちにさせる何かがあればいいんじゃないかなと思ったりします。

村上：伝統的な社会には、寄り合いという協力体制がありましたが、そういうものが戦後の社会変革の流れの中で壊れかかっています。ヨーロッパのように自分たちで市民革命を起こしたという伝統がないから、未だに市民サイドから発言してというマインドが弱いんだと思います。

ハートウェアをもう少し強く、自分たちの力で新しい社会をつくったというような意識の刺激をＳＤＧｓでできたらいいと思います。

笹谷：私は企業がこういうことに参画する、協創力を発揮する上でキーワードとなるのは、本業の力をうまく生かすということと、稼ぐ力をつけて地域にいろんな意味でお金を落とす循環をつくり、地域の稼ぐところに貢献をする。３番目は、そこのところの相互の補完関係、互尊互恵だと考えています。

本日はありがとうございました。

※２０１９年2月19日に行われた対談。サステナブル・ブランド ジャパン編集局による記事を再整理したもの（https://www.sustainablebrands.jp/community/column/detail/1192397_2557.html）。

自治体ＳＤＧｓのポイント

対談をお読みになって、どのような印象を持たれたでしょうか。村上氏は、まちづくりのことのみならず建築や様々な分野での専門家です。この分野での第一人者である村上氏との対談からはずいぶん多くのことを学ぶことができます。

特に富士山の絵で自発的取り組みとベストプラクティスを積み重ねて裾野を広げていくという考え方は大変興味深いです。ＳＤＧｓは自主的取り組みが基本だからです。

この対談で示された、自治体ＳＤＧｓのポイントをまとめておきます。

○自治体は一つの宇宙のように、食料、エネルギー、教育などあらゆるものが重層的にある。

○自治体ＳＤＧｓには創造性が必要。そのためには、ピークを高くすれば裾野を広げることができる。ピークを検証し、裾野の広がりを見る視点も重要。

○ＳＤＧｓの目的である持続可能性は経済・社会・環境のどれが欠けてもいけない。自治体にはあらゆる要素が入っているのでＳＤＧｓ実践の場として非常に適切である。

○自治体行政には垂直的連携と水平的連携がある。垂直的連携とは、異なるガバナンスレベルの連携である。例えば個々人や小規模組織レベルでのガバナンス、基礎自治体レベル、都道府県レベル、国レベルでのガバナンスなど適切に役割分担をしながら協働していく必要がある。

○まちづくりは市民社会が中心になる。行政が多少引っ張るとしても、民間主導で行うもの。市民社会がますます根付くような運動が重要。

○市民間のパートナーシップは社会の基盤である。その意識の浸透にＳＤＧｓの全体的な枠組みが活用できる。

地方創生を因数分解

このガイドラインの中には「コラム６：独自性のある地域デザインを行うためのヒント」という興味深いコラムがあります。

ポイントは、２点です。

○自治体でＳＤＧｓに取り組むに当たって、各々の自治体の固有の条件を踏まえた独自性のある施策を打ち出すことが重要。しかし、ゼロの状態から施策を検討することは大変困難である。

○そこで、地方創生のキーワードである「まち」、「ひと」、「しごと」の概念を因数分解して基本となる構成要素を列挙してみる。そこからどの要素を組み合わせると新たな価値の創出につながるかを考えると効果的である。

このような視点から「まち」、「ひと」、「しごと」に関わるキーワードを例示的に並べて「因数分解」しています。

この「因数分解」という表現は大変参考になります。これから地方創生ＳＤＧｓに参画しようという人にとって重要なキーワード集になるでしょう。

これは因数分解ですから、これらの因数を組み合わせて相互の関係性を構築すれば、ＳＤＧｓの17目標、１６９ターゲットの当てはめに当たっても重要なヒントを与えると思います。

キーワード	構成要素（因数）
まち	・中心市街地、商業施設、集客施設、文化施設、遊歩道、地域連携・統廃合、過疎化 ・地域交通インフラ、ICTインフラ、産業インフラ、医療・介護インフラ、レジリエンス、コンパクト化、再開発、界隈、景観、縮小・拡大計画、行政改革 ・歴史・文化、ソーシャルキャピタル、絆、共有
ひと	・女性、市民、若者、学生、高齢者、子ども、部外者・外国人 ・人口減少、核家族、晩婚、ひとり暮らし、健康志向・ウォーキング ・ライフスタイル、価値観、モラル、交流、公的サービス 人材活用、リーダーシップ、首長の情熱、プロジェクトマネージャー
しごと	・地元資源、農林漁業、製造業、サービス業、観光業、伝統工芸 産業集積、新技術・新産業、社会・物的・人的資本、地域の最大企業としての自治体 ・雇用、事業スキーム、市場戦略、公民連携、PPP・PFI、土地・施設の転利用 税金・補助金、民間資金、付加価値創出、特区・規制緩和、企業誘致、ESG投資 ・ブランディング、地元商品プレミアム、DMO、教育・人材基盤、就業者支援環境

これを見ると、「まち」の中に「界隈」という大変含蓄の深い概念が入っています。「しごと」の中の「地域の最大企業としての自治体」も興味深いです。PPP・PFI、DMOなどの難しい概念については以下の＊部分を参照ください。私なりに、これに加えるとすれば、「ひと」の

ところで「新型コロナウイルス対応」は欠かせない要素になったと考えています。
本書での事例紹介に当たっては、これらのキーワードも参照したいと思います。

＊ＰＰＰ＝「Public Private Partnership」、ＰＦＩ＝「Private Finance Initiative」とは、公共施設等の建設、維持管理、運営等を民間の資金、経営能力及び技術的能力を活用して行う新しい手法のこと。

＊ＤＭＯ＝Destination Management Organization（観光地域づくり法人）。地域の「稼ぐ力」を引き出すとともに地域への誇りと愛着を醸成する「観光地経営」の視点に立った観光地域づくりの舵取り役として、多様な関係者と協同しながら、明確なコンセプトに基づいた観光地域づくりを実現するための戦略を策定するとともに、戦略を着実に実施するための調整機能を備えた法人のこと。

地方創生の事例分析の視点

「しごと」「ひと」「まち」の分類

地方創生の事例では、「しごと」「ひと」「まち」に分解することは難しいです。相互に深く関係するからです。したがって、「主として」どれを主眼にしているのかという視点で分類します。

ＳＤＧｓの当てはめ

ＳＤＧｓとの関連でも、「主に」関係あるＳＤＧｓをマークしました。ＳＤＧｓについても様々なＳＤＧｓが複雑に絡んでいます。各事例の全体像は別途内閣府が用意している資料などをご参照ください。本書の事例分析では、特色に焦点を当て、読者の理解を深めるための分析を行います。全てについて網羅的に紹介すると頭に残りにくいからです。

ＳＤＧｓの17目標や１６９ターゲットは、相互に複雑に関連しますので、切り離すことはできないことが多いですが、本質を理解するためには何が最もその自治体にとって重要かを探る方がわかりやすい。

ＳＤＧｓの活用において、このような重要点を「レバレッジ・ポイント」といいます。

事例におけるＳＤＧｓの当てはめは私の見方ですので、全体像は原典に当たってください。

また、ＳＤＧｓでは、経済・社会・環境の三要素の統合性が求められています。つまり、環境や社会にやさしいだけではなく、経済性を持って活動することです。なぜなら、環境や社会にやさしい政策も経済性がついていかないと継続性が担保できないからです。この点にも注意をしながら事例を分析します。加えて、関係者の連携、特に企業の参画の仕方についても触れます。

内閣府のＳＤＧｓ未来都市に関する資料としては、ＳＤＧｓ未来都市事例について統一的なフォーマットで整理したシートがあります。また、ＳＤＧｓ未来都市の選定に当たっての各自治体の発表資料も開示されています。

これらを見るとＳＤＧｓ未来都市の選定には審査基準がありますので、どのシートもほとんど同じような姿になっています。その原型（プロトタイプ）は、内閣府が示している自治体SDGsモデル事業の概念図です。全ての事例が、この基本的考え方に即して整理されているわけです。自治体も役所ですから、関係者や議会に配慮しながら、資料をつくります。このため網羅的になってしまいます。

そこで、キュレーター笹谷としては、個人的な見方になりますが、この自治体SDGsはこの辺がポイントだということを示して読者が理解を深める参考にしていきます。

取り上げた事例の概要は次表の通りです。私の判断により、「しごと」「ひと」「まち」に分けて、レバレッジ・ポイントのSDGsや因数を記載しています。事例検索の一覧表として利用ください。

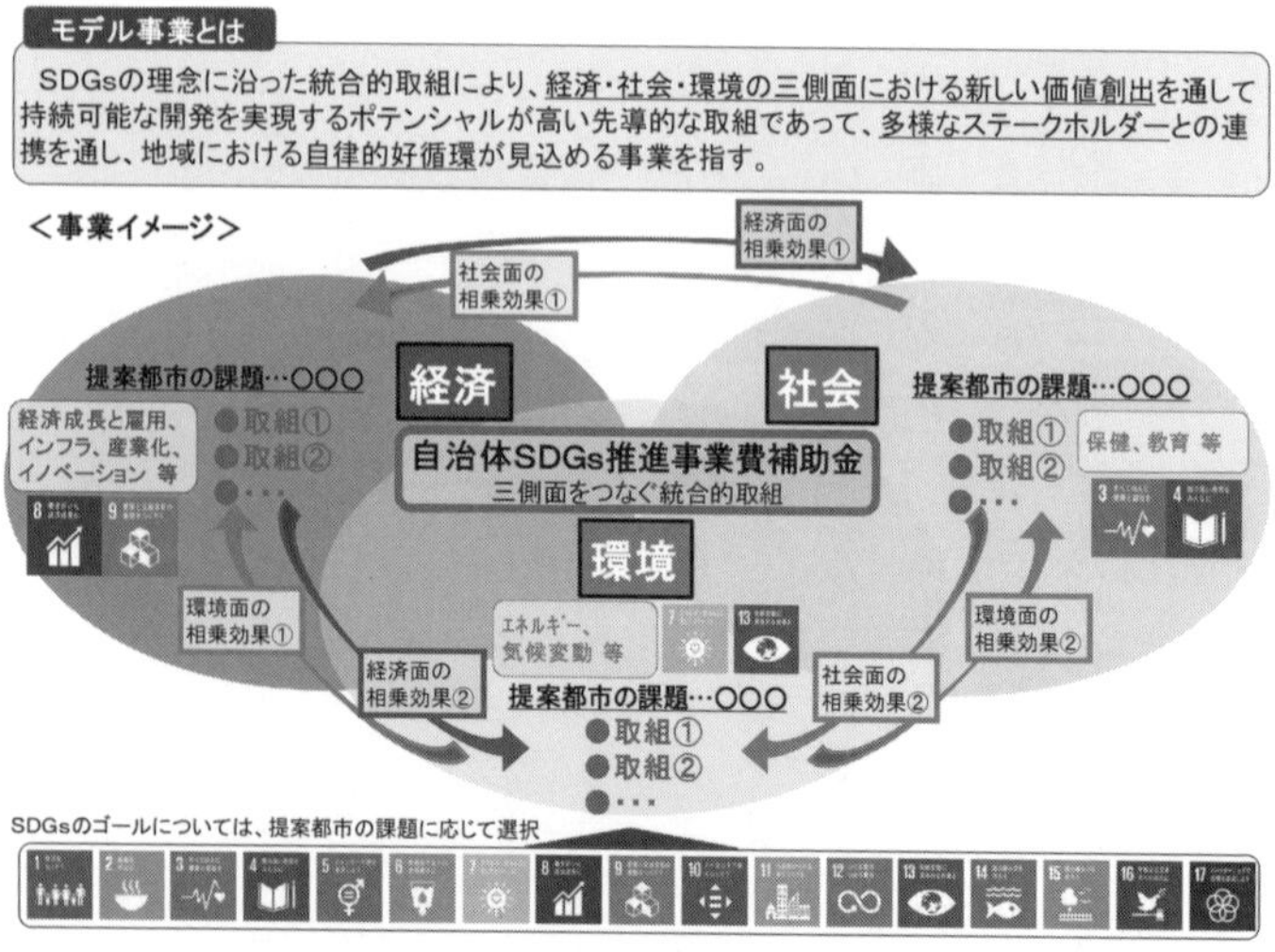

出典：「地方創生に向けた自治体SDGs推進事業について」（内閣府地方創生推進事務局）

自治体SDGsモデル事業の概念図

①しごとづくり事例		因　数	SDGs未来都市内容タイトル （※はモデル事業も採択の自治体）
101	岡山県真庭市	地元資源、農林漁業、製造業、付加価値創出、市場戦略	地域エネルギー自給率100% 2030"SDGs"未来杜市真庭の実現～永続的に発展する農山村のモデルを目指して（私がわたしらしく生きるまち）～（※）
102	岡山県西粟倉村	森林、ESG投資、民間資金、雇用	森林ファンドの活用で創出するSDGs未来村（※）
103	鹿児島県大崎町	地元資源、公民連携	大崎リサイクルシステムを起点にした世界標準の循環型地域経営モデル（※）
104	北海道札幌市	市民、共有、ブランディング、ライフスタイル、価値観、フェアトレード	次世代の子どもたちが笑顔で暮らせる持続可能な都市・「環境首都・SAPP‿RO」
105	秋田県仙北市	新技術・新産業（再生エネルギー）、地元資源（湖）	IoT・水素エネルギー利用基盤整備事業
106	三重県志摩市	食、交流、観光業、世界遺産・日本遺産	持続可能な御食国の創生
②ひとづくり事例		因　数	タイトル
201	神奈川県小田原市	教育、絆、価値観、歴史・文化（二宮尊徳）	人と人とのつながりによる「いのちを守り育てる地域自給圏」の創造（※）
202	岡山県岡山市	健康志向・ウォーキング、事業スキーム（SIB）、教育（ESD）	誰もが健康で学び合い、生涯活躍するまちおかやまの推進
203	新潟県見附市	健康志向・ウォーキング	住んでいるだけで健康で幸せになれる健幸都市の実現～「歩いて暮らせるまちづくり」ウォーカブルシティの深化と定着～（※）

204	山口県宇部市	人材活用、子ども	「人財が宝」みんなでつくる宇部SDGs推進事業～「共存同栄・協同一致」の更なる進化～
205	福井県鯖江市 （第2巻）	女性、市民、若者、製造業、伝統工芸	持続可能なめがねのまちさばえ～女性が輝くまち～（※）
206	京都府亀岡市	芸術、偉人	「かめおか霧の芸術祭」×X（かけるエックス）～持続可能性を生み出すイノベーションハブ～
207	大阪府・大阪市	万博、G20サミット、環境	2025年大阪・関西万博をインパクトとした「SDGs先進都市」の実現に向けて
③まちづくり事例		**因　数**	**タイトル**
301	北海道下川町	地元資源、農林漁業	未来の人と自然へ繋ぐしもかわチャレンジ2030（※）
302	埼玉県さいたま市	地域連携・統廃合	SDGs国際未来都市・さいたま2030モデルプロジェクト～誰もが住んでいることを誇りに思える都市へ～
303	熊本県熊本市	レジリエンス、歴史・文化、絆	熊本地震の経験と教訓をいかした災害に強い持続可能なまちづくり（※）
304	富山県富山市	地域交通インフラ、コンパクト化、中心市街地、レジリエンス	コンパクトシティ戦略による持続可能な付加価値創造都市の実現（※）
305	石川県白山市	産業集積、新技術・新産業、企業誘致、教育人材基盤（金沢工業大学）、ICTインフラ（NTTドコモと連携）	白山の恵みを次世代へ贈る「白山SDGs未来都市2030ビジョン」

306	静岡県静岡市 （第2巻）	健康、集客施設、教育、歴史・文化、海洋、ブランディング	「世界に輝く静岡」の実現　静岡市5大構想×SDGs
都道府県の事例		村上因数	タイトル
401	長野県 （第1巻）	全般（特に教育）	学びと自治の力による「自立・分散型社会の形成」
402	愛知県	全般（特に産業集積）	SDGs未来都市あいち

SDGsの17目標の当てはめは私が考えた「レバレッジ・ポイント」です。

また、ガイドラインの因数に私なりの若干のキーワードを加え、「主として」関連する因数を記しました。

なお、記載はしていませんが、全てに該当する因数として「首長の情熱」「リーダーシップ」が挙げられます。

SDGs未来都市一覧

2018年選定（全29都市）※都道府県・市区町村コード順

都道府県	選定都市名
北海道	★北海道
	札幌市
	ニセコ町
	下川町
宮城県	東松島市
秋田県	仙北市
山形県	飯豊町
茨城県	つくば市
神奈川県	★神奈川県
	横浜市
	鎌倉市
富山県	富山市
石川県	珠洲市
	白山市
長野県	★長野県

都道府県	選定都市名
静岡県	静岡市
	浜松市
愛知県	豊田市
三重県	志摩市
大阪府	堺市
奈良県	十津川村
岡山県	岡山市
	真庭市
広島県	★広島県
山口県	宇部市
徳島県	上勝町
福岡県	北九州市
長崎県	壱岐市
熊本県	小国町

2019年選定（全31都市）※都道府県・市区町村コード順

都道府県	選定都市名
岩手県	陸前高田市
福島県	郡山市
栃木県	宇都宮市
群馬県	みなかみ町
埼玉県	さいたま市
東京都	日野市
神奈川県	川崎市
	小田原市
新潟県	見附市
富山県	★富山県
	南砺市
石川県	小松市
福井県	鯖江市
愛知県	★愛知県
	名古屋市
	豊橋市

都道府県	選定都市名
滋賀県	★滋賀県
京都府	舞鶴市
奈良県	生駒市
	三郷町
	広陵町
和歌山県	和歌山市
鳥取県	智頭町
	日南町
岡山県	西粟倉村
福岡県	大牟田市
	福津市
熊本県	熊本市
鹿児島県	大崎町
	徳之島町
沖縄県	恩納村

2020年選定（全33都市）※都道府県・市区町村コード順

都道府県	選定都市名
岩手県	岩手町
宮城県	仙台市
	石巻市
山形県	鶴岡市
埼玉県	春日部市
東京都	豊島区
神奈川県	相模原市
石川県	金沢市
	加賀市
	能美市
長野県	大町市
岐阜県	★岐阜県
静岡県	富士市
	掛川市
愛知県	岡崎市
三重県	★三重県
	いなべ市

都道府県	選定都市名
滋賀県	湖南市
京都府	亀岡市
大阪府	★大阪府・大阪市
	豊中市
	富田林市
兵庫県	明石市
岡山県	倉敷市
広島県	東広島市
香川県	三豊市
愛媛県	松山市
高知県	土佐町
福岡県	宗像市
長崎県	対馬市
熊本県	水俣市
鹿児島県	鹿児島市
沖縄県	石垣市

※ 網掛けは「自治体SDGsモデル事業」選定自治体

※★はSDGs未来都市のうち都道府県

出典：内閣府地方創生推進事務局資料

Sustainable

Development

Goals

第2章

事例で見るSDGs ①しごとづくり

しごとは「所得の確保」という基本に関わりますので、自治体SDGsの基本です。

本章から地方創生ＳＤＧｓの事例を紹介していきます。

地方創生法の基本戦略は第1期においては、「しごと」が「ひと」を呼び、「ひと」が「まち」をつくる、つまり、しごと→ひと→まちという流れが強く出ていました。いわば、「しごと起点」のアプローチが取られたということでしょう（山崎史郎・小黒一正編著『どうする地方創生―２０２０年からの新スキーム』（日本経済新聞出版、２０１８年）など参照）。

まずは地域における「しごと」、つまり、経済活動が行われ、雇用創出や税収があることが地域の存続の基本です。「しごと」のつくり方は地域の様々な資源を最大限活用するほか、関係者とのネットワークによるイノベーションの創出が求められています。

本章では、最新技術として期待される５Ｇの応用、地域森林資源の活用、再生エネルギー、食・ツーリズム等の事例を取り扱います。

＊以下のＳＤＧｓ未来都市事例の内容やデータは、原則として、内閣府ホームページの各自治体の資料によっています（http：//future-city.jp/sdgs/list.html）。

■岡山県真庭市（地域エネルギー自給率１００％を目指す）

岡山県真庭市は、２０１８年度ＳＤＧｓ未来都市に選定され、太田昇市長のイニシアチブの下、中山間地域における「永続的発展に向けた地方分散モデル」を目指しています。地元木材をフル活用してできた新市庁舎で、ＳＤＧｓ未来都市への期待をテーマに職員研修会で講演させていただきました。その後、太田市長には第１回未来まちづくりフォーラムのシンポジウムに阿部守一・長野県知事や村上周三氏とともにご登壇いただきました（https：//www.sustainablebrands.jp/event/sbt2019/miramachi_02.html参照）。

真庭市は、岡山県の北部、鳥取県境に位置する、人口約４万４０００人（２０２０年9月現在）の自治体で、今後一層、年少人口、生産年齢人口が減少し、高齢人口の割合が増加することが予測されています。面積の約80％を森林が占める典型的な中山間地。古くから木材産地で、生産から加工、流通まで体制が整っています。また、木質バイオマス発電など、再生可能エネルギーによる地域エネルギー自給率は30％を超えています。

産業別人口は、２０１５年国勢調査では第一次産業が14・１％、第二次産業が27・４％、第三次産業が57・４％と、第一次産業及び第二次産業が減少傾向、第三次産業が増加傾向にあります。

ＣＬＴ（直交集成板）という、ひき板を繊維方向が直交するように積層接着した重厚な木製パ

太田昇・真庭市長（左）と筆者（市庁舎にて）

ネルの生産に力を入れています。これは厚みや幅があるため、断熱性、耐火性、強度が期待できます。欧米を中心に、中高層建築物の壁や床に利用されており、我が国でも、様々な建築物にＣＬＴが利用されて木材の需要が拡大することが期待されています。

「木を使いきる真庭」事業では、木質バイオマス発電、海外輸出、ＣＬＴの普及促進による木材の利用拡大に取り組み、林業、木材産業による地域経済の活性化を図っています。

「有機廃棄物資源化」事業では、市民生活から発生する生ごみとし尿等を混ぜ発酵させ、バイオ液肥とガスに変換し、バイオ液肥を農業用肥料とした有機農業に取り組むことによる低コスト農業の実現を目指しています。

真庭市の取り組みについては、有識者から林業・木材・木質バイオマス等を軸とした計画が着実に進捗し、広葉樹材の活用、液肥、地域マイクログリッドの検討など、幅広い分野に先進的に取

真庭市のバイオマス発電所

真庭市内にあるCLT工場の内部

り組んでいる点が高く評価されています。今後も日本の木質バイオマスエネルギー活用のリーダーとして牽引していくことが期待されます。

■岡山県西粟倉村（森林ファンドの活用）

同じく岡山県の西粟倉村は、中国山地の山あい、岡山県最北東端に位置する、人口１４３７人（２０２０年９月現在）の自治体です。平成の大合併でも単独自治体として残ることを選択しました。主たる産業もない中、２００８年に「百年の森林構想」を着想、個人所有者約１５００人の約半数の所有者（約１６００ha）と村が長期施業契約を締結しました。

「百年の森林構想」の理念に共感する若者達の移住が増え、ローカルベンチャーとして起業する人や関係者の移住が増加。子どもの数も約20％増加しました。

現在は、地域森林の経営、再生可能エネルギー事業、ローカルベンチャー事業に取り組み持続可能な地域である「百年の森林に囲まれた上質な田舎」の実現を目指しています。

「森林RE Design」で森林構成の再構築を検討しています。一定の村有林化により、地域山林経営を計画する、村有林面積を拡大することにより村の山林経営権を拡大する、計画的な森林更新や森林関連事業量の平準化による林業事業体や木材関係事業者の事業安定化を図るといった政策を推進しています。

また、森林ファンドの実施では、村有林化するための資金を森林ファンドの組成により賄うことを検討し、対象エリアを現状のまま村有林として購入して施業を行い伐採収入等でリターンを生む、投資家を村の関係人口化する仕組みを準備しています。単なる投資家として見るのではなく「西粟倉ファン」として取り込むことを狙っています。ここでは、投資家まで「関係人口」（第2巻参照）ととらえる点に特色があります。

関係人口化した投資家を、再生可能エネルギー事業、ローカルベンチャー事業などの事業にも巻き込みます。

西粟倉村は、森林信託、「百年の森林構想」、ローカルベンチャーなど具体的な事業を展開し、小さな産業の連携による新たな地域経済循環の創出を図っている良い事例であり、ＳＤＧｓ未来都市の自治体ＳＤＧｓモデル事業の組み立てとしてはほぼ完成形であると高く評価されています。

■鹿児島県大崎町（大崎システム）

鹿児島県大崎町は、「リサイクル率日本一」の町として注目されています。住民・企業・行政が連携した「大崎システム」で、27品目を分別して焼却に頼らないリサイクル事業を行っています。リサイクル事業で約40名の雇用を創出し、資源ごみの売却益は総額約1億３０００万円になっています。

１９９０年建設の管理型埋立処分場は、計画より残余年数がひっ迫しましたが、１９９５年の容器包装リサイクル法施行後は、２０１７年にリサイクル率82・０％を達成し、12年連続で資源ごみリサイクル率日本一を達成しました。２０１８年にジャパンＳＤＧｓアワード内閣官房長官賞を受賞。２０１９年度ＳＤＧｓ未来都市にも選定されています。「リサイクル率日本一の町」としての知名度が向上したことで、２０１５年度にはふるさと納税寄付額が全国町村で1位となりました。

鹿児島県の東南部に位置し、総面積１００・67㎢、人口約1万３０００人弱（２０２０年9月現在）の町で、多くの若者が都市部に流出、人口は減少の一途ですが、２００４年の住民投票で、鹿児島県本土の自治体として初の市町村合併をしない単独の道を選択しました。

人口の約２％（約２５０人）が外国人技能実習生で、もはや外国人なしには大崎町の産業を維持することは困難であると見込まれています。大崎システムは国際展開も行っており、インドネシアで普及指導員を育成し、埋立処分量の減量化に寄与しています。

日本での技術力とノウハウを海外にも展開しており、発信力の強い自治体です。「広報おおさき」という広報誌は情報が満載であり、市民にも幅広く発信しています。

大崎町の取り組みについては、専門家から国際的連携を意識していることに加え、推進年次・

体制・具体事業が明確であり、秀逸な計画であると評価されています。すでに「大崎モデル」ともいえる実態があり、その経営モデルをさらに拡張して地域経済モデルにつなげるなどの今後の発展についても期待されています。

■北海道札幌市（フェアトレードのまち）

北海道札幌市は、次世代の子どもたちが笑顔で暮らせる持続可能な都市・「環境首都・SAPP‿RO」を目指しています。

札幌市は、北海道・石狩平野の南西部に位置する人口約１９７万人（２０２０年8月現在）の都市で、東京、横浜、大阪、名古屋に次ぐ大都市に成長してきました。札幌駅〜大通〜すすきのエリアを中心とした都心を拠点にＪＲ、地下鉄、市電、バスによる交通網が発達した利便性の高い都市を形成しています。一方、年間約６ｍもの積雪がある世界にも類を見ない大都市です。

日本有数の観光都市として、約１５００万人以上の観光客が国内外から訪れています。また、札幌市内には農地や大きな工場などは少なく、中小企業が支える第三次産業中心の産業構造となっています。寒冷地のため、家庭における暖房エネルギーが本州の約5倍にも及ぶという特色があります。

札幌市で注目されるのは、市民も参加する特色ある取り組み「フェアトレードタウン」の認定です。世界で２１００都市以上が認定されている「フェアトレードタウン」の国内5番目（熊本市、名古屋市、逗子市、浜松市に続く）の認定を受けることで、商品の生産者や生産過程における現状を伝え、消費の先にある実態を考える機会を創出しています。認定に向けてはフェアトレードタウンさっぽろ戦略会議と連携しながら取り組み、２０１８年11月の市長による支持表明をもって全ての認定条件をクリアしました。

このフェアトレード推進の取り組みを進めていくことは、地球規模の課題に貢献する国際協力であると同時に、世界の国々の状況や国際社会の問題について市民が考える良い機会になることから、札幌市では、フェアトレードの活動に取り組む市民や団体と連携しながら、普及啓発に取り組んでいます。

【コラム】ＳＤＧｓ目標12とライフ・スタイルの変革について考える

このような世界的視野での活動で市民の意識を盛り上げることは「センス・オブ・プレイス」を感じさせ、「シビック・プライド」の醸成に大いに役立ちます。日本にはこのように世界に冠たる自治体が数多くありますが、世界の共通言語ＳＤＧｓを使うことでさらに光り輝くのです。

ここで、ＳＤＧｓの目標12「つくる責任、つかう責任」という目標について一言触れておきます。この目標は英語では消費が先で、「Ensure sustainable consumption and production patterns」となります。つまり思想としては消費者に選ばれないようなものはつくらなくてよいとのメッセージが根底にあるのです。この目標の中には、次のターゲットがあります。

「12・8　２０３０年までに、人々があらゆる場所において、持続可能な開発及び自然と調和したライフスタイルに関する情報と意識を持つようにする。」

フェアトレードやエシカル消費の推進が、このターゲットに貢献して、市民のライフスタイル変革のけん引役になることが期待されます。

これからのＳＤＧｓでは、市民レベルでの身近な取り組みが極めて重要です。２０２０年７月１日から実施されたレジ袋の有料化は、その良いきっかけになるかもしれません。

■秋田県仙北市（再生可能エネルギーと湖）

秋田県仙北市は、秋田県の東部中央に位置し、２００５年に田沢湖町、角館町、西木村が合併して誕生しました。総面積の約８割が森林地帯で、奥羽山脈から流れる河川は仙北地域の水源となっています。人口は約2万５５００人（２０２０年8月現在）、高齢化率41・５％（２０１８年7月現在）となっています。高齢化率50％以上の限界集落も存在し、老齢人口さえ減少に転じる超高齢社会の最先端自治体です。

秋田県随一の観光地（角館、田沢湖、豊富な温泉資源等）で年間約５００万人が訪問しますが、「通過型観光」となっており、経済波及効果が少ないという課題があります。

仙北市の中間に位置する田沢湖は日本で最も深い湖ですが、環境悪化で田沢湖のクニマスは死滅しました。しかし、山梨県の西湖でクニマスが発見されたことがきっかけで、秋田県と仙北市が共同で、「田沢湖再生クニマス里帰りプロジェクト」を開始しました。これはまさにＳＤＧｓの目標17の自治体間の「パートナーシップ」です。

具体的には、田沢湖クニマス未来館の展示活動として、田沢湖の環境が激変した歴史、田沢湖では絶滅したクニマスの生態展示、未来への取り組み等の展示や企画展等を通じ、環境学習の場を提供しています。また、田沢湖環境修復への取り組みとして、湖畔の清掃による鳴き砂の復活、水質調査等を、大学等との連携により実施しています。

２０１８年度には、県内外から１１５６名の児童・生徒が、環境学習のために田沢湖クニマス未来館を来訪しました。第17回世界湖沼会議の湖沼セッションにおいて、田沢湖の現状と環境修復に向けた取り組みを紹介し、仙北市の取り組みを国際的に情報発信しました。

これに加え、農業ＩｏＴ・水素エネルギー利用基盤整備事業も特色があります。ＩｏＴの利用基盤整備の活用として、農業の生産性向上につながるような農業ＩｏＴの大規模実証実験、ドローンによる山間部での配送実験等、ＩｏＴ導入による経済活動の活性化が効果をもたらすような実証実験を設定し、ＳＤＧｓの三側面（経済・社会・環境）の効果的連携の姿の実現を目指しています。

また、水素エネルギー利用の事業化計画として、玉川温泉水からの水素生成、貯蔵の実験を軸にしつつ、水素の発生、貯蔵、利用まで、経済・社会・環境の三側面のＳＧＤｓ推進を図り、低炭素社会実現のための事業化計画を策定しています。

この関連で、仙北市は、２０２０年１月に東北地方からＳＤＧｓ未来都市に選定された山形県飯豊町、宮城県東松島市、岩手県陸前高田市、福島県郡山市とともに、「東北ＳＤＧｓ未来都市サミット」を開催し「東北ＳＤＧｓ未来都市サミット宣言」を採択しました。この点は専門家からも東北における自治体間連携として高く評価されています。

■三重県志摩市（食・ツーリズム）

Ｇ７サミット（伊勢志摩サミット）が２０１６年に行われた三重県志摩市では、それをレガシーとしています。御食国《みけつくに》としての歴史や「日本の豊かな自然と伝統文化の原風景が残る地域」として開催地に選ばれました。２０１５年9月のＳＤＧｓを盛り込んだ２０３０アジェンダ決定後、Ｇ７の首脳が初めて意見を交わすサミットでした。

このサミットの成果文書では、２０３０アジェンダの採択は、貧困削減及び持続可能な開発へのアプローチにおける新時代の幕開けであること、２０３０アジェンダの実施にコミットすることが明記されました。このような重要なサミット宣言が発出されたホスト地であることは志摩市にとってＳＤＧｓ推進上の独自の強みです。

ちょうどその年の暮れに、「未来まちづくりフォーラム」の前身のイベントである「まちてん」（筆者が実行委員長）で、三重県知事をお招きして、サミットの成果についてお話をいただきました。

志摩市はこのような大きな世界会合を誘致したレガシーを生かしています。これは大きな世界的イベントを招致した自治体で応用できると思います。２０１９年の日本でのＧ20サミットでも、様々な大臣会合がありました。また、大規模なスポーツイベントも同様の効果があります。

志摩市は三重県の中部、伊勢湾と太平洋を隔てる志摩半島に位置し、人口は約4万８０００人（２０２０年8月現在）です。地域の基幹産業は第三次産業で、特に宿泊業、飲食業、食品小売業などの観光関連産業が大きな割合を占めています。農水産物や真珠製品が観光資源です。

具体策としては、志摩市の「食材・食文化」を活かして食に関する専門家や地域の関係者を招き、「ガストロノミーマニフェスト」をまちづくりの軸として取りまとめる予定です。

御食国食文化展開事業では、我が国に訪れる外国人を主なターゲットとして、志摩市の「御食国」としての特性を、「自然環境」、「持続可能な農林漁業」、「食文化」というＳＤＧｓの3側面から体験・体感できる学びのプログラムを構築します。これにより、持続可能な食材として価格を向上させるとともに、漁業と商工・観光業との産業連携による新たなツーリズムを促進します。この点は今後のポスト・コロナの対応でどのような工夫をしていくかが問われると思います。

自治体間連携として、「御食国」と呼ばれる食文化について、山形県鶴岡市等とともに発起自治体となり「豊かな食の郷土づくり研究会」を立ち上げ、設立総会を２０１９年10月に開催しました。また、国際的な連携として、イタリア食科学大学の学生研修を受け入れ、食の持続可能性について、学生を通して志摩の食に関する情報を海外に発信しています。

このような食と農に関連するＳＤＧｓの取り組みは、多くの自治体の参考になります。ＳＤＧｓを世界へ発信したり、例えば世界文化遺産と関連付けるなど世界との接点を求めるとＳＤＧｓの浮揚力がつきます。ちなみに志摩市では、国指定の重要無形民俗文化財として、日本三大御田植祭のひとつである「磯部の御神田（おみた）」、安土桃山時代から伝えられている伝統芸能である「安乗（あのり）の人形芝居」、有史以前から地域に引き継がれてきた「鳥羽・志摩の海女漁の技術」が指定されています。

また、世界文化遺産・世界農業遺産への登録推進の候補として、志摩市に古くから引き継がれてきた海女漁業や真珠漁業をはじめとする持続可能な伝統漁業の世界文化遺産、世界農業遺産登録を目指した取り組みを関係団体と連携して進めています。

志摩市の取り組みについては、有識者から、世界遺産をテーマにＳＤＧｓの３側面に統合的に取り組もうとするものであるとして、その計画の先進性が評価されています。

志摩市は、２０１９年5月20日に「海女（Ａｍａ）に出逢えるまち　鳥羽・志摩～素潜り漁に生きる女性たち」として日本遺産に認定されました。これは、元号が令和に改まり、令和という元号の出典である万葉集において、大伴家持が「御食国　志摩の海人ならし　真熊野の小舟に乗りて　沖へ漕ぐみゆ」と詠んだ御食国・志摩市の海女文化が認定されたものです。

【コラム】日本遺産ＳＤＧｓ

「日本遺産」は、地域の歴史的魅力や特色を通じて我が国の文化・伝統を語るストーリーを「日本遺産（Japan Heritage）」として文化庁が認定するものです。日本遺産事業の方向性は次の３つに集約されます。

①　地域に点在する文化財の把握とストーリーによるパッケージ化

②　地域全体としての一体的な整備・活用
③　国内外への積極的かつ戦略的・効果的な発信

ここで文化庁がわかりやすい整理をしていますので掲載させていただきます。

日本遺産は２０２０年度までに合計１０４件が認定されました。従来の文化財も重要ですが、日本遺産は「活用」を重視し、地域のブランド化やアイデンティティの再確認を促進する効果があるとされています。

もともと日本遺産は世界遺産の制度をにらんでいます。「遺産」というのは「未来への贈り物」と文化庁が訳しているくらいですから未来志向です。「世のため、人のため、自分のため、そして子孫のため」という持続可能性の考え方からできています。

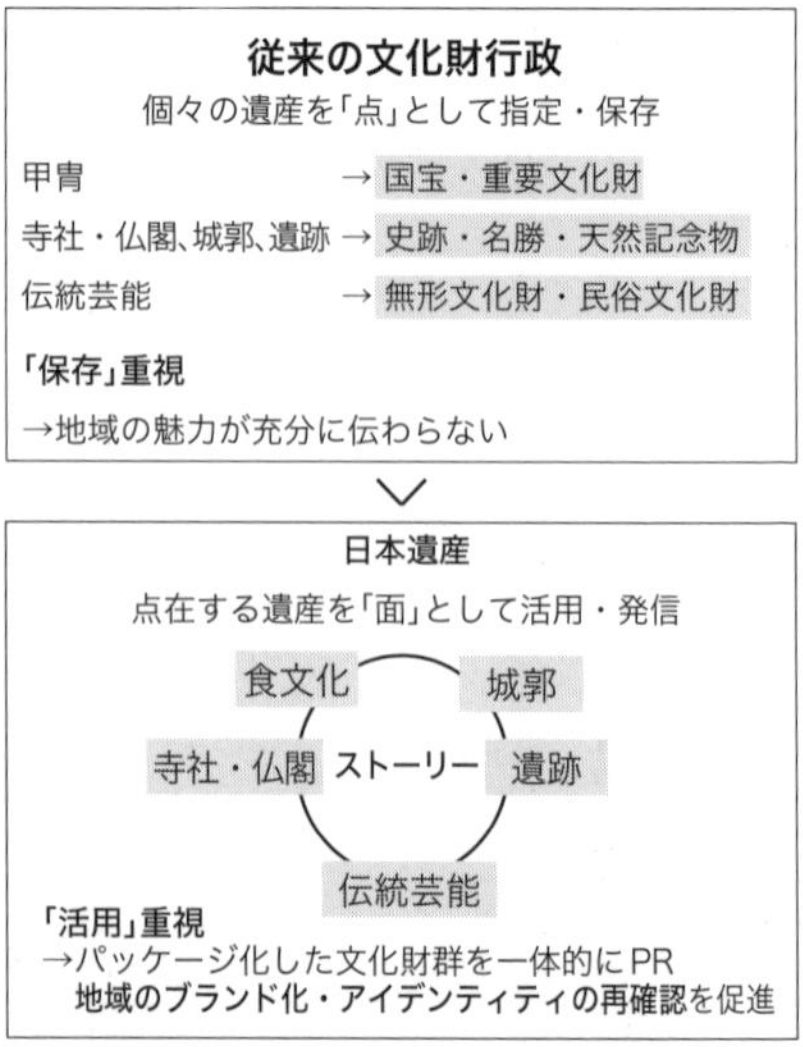

出典：「日本遺産」パンフレット（文化庁）

日本遺産事業の方向性

日本遺産の制度は、まさにＳＤＧｓの目標11のターゲット４「文化の保全」に関連させているのみならず、資源をうまく活用し、ストーリーを重視していることがポイントです。
これが全国で１００以上指定されているということは、指定された内容を見直すだけでもＳＤＧｓ未来都市の形成につながっていくと思います。

資源や制度を総動員する

本章の「しごと」づくりという視点では、いずれも自身の自治体が有している、自然資源、文化資源などを総動員しています。また様々な制度をうまく活用していることも共通項です。例えば、世界におけるフェアトレードタウンの認定、日本遺産の認定などを活用して活動に浮揚力をつけています。いずれも関係者連携に配慮し、様々な関係者の参画を仰いでいます。

ＳＤＧｓでは、「普遍性」「包摂性」「参画性」「統合性」「発信性」の原則があります。本章の事例でいうと、他にも応用の利く普遍性、誰ひとり取り残さないという包摂性、関係者の参画を仰ぐ参画性、経済・社会・環境の統合性が見られます。また、首長も含めて発信力が強いのが特色です。今後ＳＤＧｓにより発信を強化すれば、ますますＳＤＧｓ企業やＳＤＧｓに関心を寄せる関係者の連携強化につながっていくと思います。

Sustainable
Development
Goals

第3章

事例で見るSDGs ②ひとづくり

ひとづくりは、未来につなぐための最も重要な要素でありSDGsでも重視されています。

「ひと」づくりでは、健康・子育てや教育・文化と移住政策による人の呼び込みが主要課題です。

「健康」はコミュニティの存続のための基本的要件です。今回の新型コロナウイルスによるパンデミックは医療体制の整備の在り方を根本から見直すきっかけになっています。

また、地域の「いいもの」が子孫に受け継がれるためには、地域の教育水準・文化水準を向上させて「ひと」づくりに力を入れる必要があります。

移住政策で人口を呼び込むことも重要課題です。ただし、移住に当たり第一の懸念は「地方での雇用」ですので、その不安の払拭が必要です。もちろん医療、教育、子育て環境の充実も欠かせません。これから都会の人々を引き付ける移住政策が次々と打ち出されると思います。すでに地方では人口減少を食い止めるため、Ｉターン・Ｕターン・Ｊターンの全てで、自治体による移住促進政策が打たれています。

また、第2巻で触れた関係人口の創出も重要な課題です。

ＳＤＧｓでは「包摂性」の原則で、誰ひとり取り残さない社会づくりが求められています。「ひと」は地方自治体にとって最重要な政策のひとつです。

■神奈川県小田原市（教育と二宮尊徳）

神奈川県小田原市は県西部の中心都市で、人口約18万９０００人（２０２０年8月現在）の自治体です。山、森、川、田園、海などあらゆる自然環境や、長い歴史の中ではぐくまれた多彩な文化や生業といった豊富な地域資源が存在します。

小田原市は、地域資源を総動員し、「問題解決能力の高い地域」へと歩みを進めています。今後は「持続可能な地域社会モデルの実現」のためには、現場での「人の力」が不可欠であり、環境分野、農業分野、福祉分野など様々な分野で担い手の確保や育成を喫緊の課題としています。

「自治体ＳＤＧｓモデル事業」のテーマは、「現場での学びと実践の循環」による人材・担い手育成と地域課題の解決です。

内容は次の3要素です。

①民間企業・神奈川県との連携による「つながりの見える化」に取り組み、ゲーミフィケーションと電子通貨テクノロジーを活用します。地域のつながりをスコア化し、可視化し、気軽に楽しみながら地域のつながりを増やしていく仕掛けを導入しています。

②現場での学びと実践を循環させる「おだわら市民学校」は特色があります。２０１８年度に、官民協働により開校し、地域資源を活用し郷土に誇りを持って主体的にまちづくりに取り組む人

づくりを目指しています。

具体的には、第1年目は、小田原の魅力を学び郷土愛を育む基礎課程「おだわら学講座」があります。入校2年目は、実践につなげる「6つの専門課程」と「2つの教養課程」があり、教養課程には二宮尊徳の教えを継承する課程もあります。

小田原市の取り組みは、人材育成から、プラットフォームの参加・実践の場まで、ホップ・ステップ・ジャンプが揃ったバランスのとれた提案であり興味深いモデルであると評価されています。

【コラム】二宮尊徳―道徳と経済の両立と「心田開発」

二宮尊徳（1787―1856年）の生家は、小田原市にあります。そこでの二宮金次郎としての幼児体験以降、成人した尊徳の思想が形成されました。

報徳思想は至誠、勤労、分度、推譲の4つが重要項目です。

相手の立場に立って誠心誠意を尽くし（「至誠」）、自助努力で「勤労」して社会に役立つ成果を生み出す。収入の枠内で一定の余剰を残しながら支出を図る計画的な生活をする（「分度」）。この分度から生まれた余剰を自分の将来や社会の貢献のために使っていくことが「推譲」で、人を推（お）して自らは譲（ゆずる）という意味です。推譲には、経営資源のヒト・モノ・カネの要素の余剰を自社の将来の投資（自譲）と地域社会対応、社会貢献活動（他譲）に振り向ける二方向があります。

尊徳は分度や推譲の考えを、藩政改革や農業開発を通じて学び体系化したといいます。これを「報徳仕法」、つまり実践的なモデルとして確立させ各地に応用しました。「報徳仕法」は農業や農村開発からスタートしたものですが、農業の多面的な側面から、金融、土地利用、土木を含む経済・経営手法もカバーし、さらに藩政改革では行財政改革などにも応用されています。

現代の企業経営に当てはめると、生業の工夫と安定を目指せと推奨し、受け身的な分度からの余剰だけではなく、意識して節約し余剰を生んで将来に備えるという、今でいえば持続可能性を想起させる考えです。

尊徳は弟子や語り部を育て、その考えは「報徳仕法」として伝承されてきました。日本各地での藩政改革につながり、その後も多くの思想家、経営者、政治家、行政家に影響を与えてきたのです。先人たちが報徳思想の底流に流れている普遍的な考えにひかれたからでしょう。

尊徳は農村復興の経験から実践的学び、連携と自立性を重視しており、現在の地方創生で参照し得るものが多いです。例えば、「芋こじ」（棒や板で芋をかき回す「芋をこじる」に由来し、農民同士が話し合うこと）という農民の意見を聞く仕組み、比喩を使ったわかりやすい話法、コミュニケーション重視、良民の表彰制度などは示唆に富むものです。

右に「道徳門」、左に「経済門」と刻字された花崗岩製の二本の門柱が有名です。これは尊徳の思想（報徳思想）を現代につなげる活動を行う静岡県掛川市にある大日本報徳社の正門です。道徳と経済の調和した社会づくりを目指す報徳の教えを象徴しており、経営倫理や社会課題と経済課題の両立という、古くて新しい課題です。その両立を目指す道徳経済一元論の根幹は「推譲」です。

地方創生では、報徳思想、特に推譲の考えが役に立ちます。推譲力で行政を推進した事例として、大日本報徳社のある掛川市では、榛村純一市長時代（1977年から2005年まで）に報徳思想を生かした「生涯学習都市宣言」や掛川城の全国初の本格木造の天守閣復元など特色あるまちづくりが行われました。

掛川市は2020年度のSDGs未来都市に「市民協働によるサステナブルなまちづくり」というテーマで選定されました。

大日本報徳社の正門

推譲の要諦である、「心田開発」の言葉を改めて紹介しておきたいと思います。

「この心田の荒廃を開発することが先決であって、心田の荒廃を取り除き、田畑の荒廃を開発して立派な田に仕上げたならば、国は勿論、村や町の復興は手の平を返すように容易である。」この「心の田」の開墾、つまり、意識改革と人材育成こそが、最重要の地方創生でのレガシー創出です。

（本コラムは、田中宏司・水尾順一・蟻生俊夫編著「二宮尊徳に学ぶ『報徳』の経営」（同友館、２０１７年）第７章参照）

■岡山県岡山市（ESD教育と健康）

岡山市は、中国・四国地方の広域交通のクロスポイントに位置する政令指定都市です。人口増加率が比較的高く、２００７年には70万人に達し、２０２０年７月現在の人口は約72万人です。厚生労働省「平成27年度都道府県別生命表」によれば、女性の平均寿命は日本一長い（87・67歳）長寿のまちです。市内に４００床以上の急性期病院を６施設も有し、政令指定都市比較では人口10万人当たり病院数４位、医師数２位と医療資源の豊富なまちです。

健康都市岡山

健康政策面では、次のような、健康の見える化、遠隔医療相談、健康教育に力を注いでいます。

・ＳＩＢ（＊）を活用した健康ポイント事業では、ＳＩＢ手法による民間資金を活用して、歩くだけでなくフィットネスクラブやスーパーで健康改善メニューを開発・提供し、市民や在勤者がそのサービスを利用することにインセンティブを付与することで生活習慣改善と、環境整備を進めます。

・ＡＩを活用した健康見える化事業では、健診結果や日々の生活習慣などからＡＩが将来の健康リスクについて可視化するシステムを構築し、一人ひとりに適した特定保健指導を実施します。

・ＩＣＴの活用による遠隔健康医療相談事業では、子育て中の親を対象として、ＩＣＴを活用し子どもの体調の異変等があった場合にスマートフォン等で気軽に健康医療相談ができる環境の整備を実証します。

＊ＳＩＢ（Social Impact Bond）とは、民間資金提供者から資金調達を行い、行政と事前に合意した成果目標を達成できれば、後から行政が資金提供者へ成果に応じて報酬を支払うという仕組み。

教育都市岡山

岡山市では、ＥＳＤ（「Education for Sustainable Development」の略で「持続可能な開発のため

の教育」と訳されている）の活動に取り組んでいます。これはＳＤＧｓの目標４「質の高い教育」の一部として盛り込まれた概念です。元はといえば、日本の提案でできた考え方です。

このＥＳＤは小泉純一郎総理（当時）が２００４年に国連に提唱し、その後10年経った段階で２０１４年にユネスコと日本政府が共催でＥＳＤに関する世界会合を開催しました。その国際会合のホストをしたのが愛知県・名古屋市と岡山市でした（岡山市ではステークホルダー会合が開催）。

岡山市では２００５年から「岡山ＥＳＤプロジェクト」を開始し、多様なステークホルダーと連携して地域や組織に応じたＥＳＤを推進しており、その実績が評価され、この世界会合のホスト市として選ばれました。

ＥＳＤを活用した市民活動の活性化、市民の活躍の場の創出（環境）では、学校、大学、公民館、企業、市民団体、自治体等の多様な組織が連携して、主体的な活動を推進します。また、国内外のステークホルダーとの間に構築したＥＳＤに係るネットワークを生かし、広域的なＳＤＧｓの達成に貢献していく国際会議等を開催して、国際社会と連携した学び合いを図っていくこととしています。

大森雅夫・岡山市長（左）と筆者

【コラム】ＳＤＧｓの基本・ＥＳＤ

ＳＤＧｓの目標４「質の高い教育」のターゲット４・７に「持続可能な開発のための教育」Education for Sustainable Developmentという概念があります。これはＥＳＤ世界会合などの成果がＳＤＧｓ作成時に盛り込まれたものです。

ＥＳＤという持続可能性を考える上で求められる視点は、自分の世代のみならず将来世代のことも考えること（世代間の公平）、先進国・途上国等の地域間の公平、男女間の平等、環境の保全や天然資源の保全、公正で平和な社会、国際理解の促進（途上国での貧困撲滅等の課題解決）と幅広いものです。これらを総合的に考えることができて、持続可能な社会づくりに対応できる人材を育成する教育が重要です。これが「持続可能な開発のための教育」です。

「教育」という表現も、学校教育をイメージして意味が狭くなりがちですが、学校外の体験活動、社会人教育、企業内研修等あらゆる「学びの場」を活用します。教育手法もポイントです。これまでは座学が中心でした。これからは、双方向型で、「気づき」を得ることができる、「車座」や「ワークショップ」が効果的です。

グローバル人材に求められる力、育成すべき能力はどのようなものでしょうか。日本ユネスコ国内委員会が示す次の項目が参考になります。

①持続可能性という価値観を理解できる力
②体系的な思考力
③代替案の思考力（批判力）、情報収集・分析能力
④コミュニケーション能力、リーダーシップの向上

また、

・「関心の喚起→理解の深化→参加する態度や問題解決能力の育成」というプロセスを通じて、具体的な行動を促すこと
・単に知識・技能の習得や活用にとどまらず、体験、体感を重視して、探求や実践を重視する参加型アプローチとすること
・活動の場で学習者の自発的な行動を上手に引き出すこと

の３点を重視しています。

■新潟県見附市（健幸都市の実現）

新潟県の中央に位置する、新潟県内で最も面積の小さい市で、人口は約4万人（２０２０年９月現在）、２０１８年の人口移動調査では社会動態の減少率が県内トップ、人口減少率が2番目となっています。農業と繊維産業が基幹産業として古くから盛んでしたが、近年は安定した経済基盤の構築とバランスのとれた産業構造を目指した企業誘致により、プラスチック製品、金属製品、一般機械器具製造業が主力となりつつあります。

この事例では、「健幸（＝体も健康、心も幸せ）」というテーマに特色があります。２０１１年度には全国初となる「歩こう条例」「健幸基本条例」を制定しました。具体的な行動計画として２０１３年度に「健幸づくり推進計画」を策定し、これまで着実な取り組みを推進しています。自治体ＳＤＧｓモデル事業のテーマは、「『歩いて暮らせるまちづくり』ウォーカブルシティの深化と定着」で、主な点は次の通りです。

・公共交通におけるグリーンスローモビリティ活用検討調査、商店街の空き店舗活用支援事業、ＳＩＢ（ソーシャルインパクトボンド）によるヘルスケアサービス事業、学校教育を通じた子どもたちへのＳＤＧｓ教育（長岡技術科学大学と連携）
・「歩いて暮らせるまちづくり」の形成による持続可能な健幸都市の発信（公共交通の更なる利用

促進を図るためのキャンペーンを実施）

見附市の取り組みについては専門家から次のような評価がなされています。

・自律的好循環の仕組みが明確であり、これまでの市の地道な取り組みの蓄積を踏まえた提案と考える。また、「ウォーカブルシティ」の一貫性とその深掘りは高く評価できる。

・健康、コンパクトシティ、小さな拠点により、市民自らが自立して暮らすまちづくりに期待するとともに、スマートウエルネスシティとしての実践を、ＳＤＧｓによるまちづくりに展開することで、よりモデル性がある事業の実現が可能と考える。

前述の「見附市歩こう条例」（２０１２年４月１日施行）は、大変興味深い条例なのでその条例の目的をご紹介します。

（目的）

第１条 この条例は、市民が健康で、かつ、生きがいを持ち、安心安全で豊かな生活を営むことのできるように歩くことを基本にしたまちづくり（以下「歩くを基本にしたまちづくり」という。）について、その基本理念を定め、並びに市民、地域コミュニティ、事業者及び市の責務を明らかにするとともに、その推進のための基本的事項等について定めることにより、市民が生涯にわたり健やかで幸せに暮らし、地球環境に優しい社会の実現に寄与することを目的とする。

条項としては以下の通りです。基本理念、市民の責務、地域コミュニティの責務、事業者の責務、市の責務、歩くを基本にしたまちづくりに関する基本方針の策定、国等への要請、援助、特例措置、歩くを基本にしたまちづくり月間。

■山口県宇部市（「人財が宝」）

宇部市は、本州西端の山口県の南西部に位置し、気候は温暖で、海や山などの豊かな自然環境に恵まれています。人口は、出生数の低下や転出超過等により、１９９５年の18万３０００人をピークに減少に転じ、約16万３４００人（２０２０年8月現在）となっています。山口宇部空港や山陽自動車道、鉄道、宇部港といった陸海空の交通基盤が市街地に近い位置にあるなど、交通環境は整っており、特に、空港から市全域には1時間以内で結ばれるというアクセスの良さを有しています。

国連環境計画による環境保護に取り組む団体等を表彰する「グローバル５００賞」受賞を契機として、国際的な場で「宇部方式」を広めるとともに、世界各国が直面する都市大気汚染や地球温暖化対策など国際協力の取り組みを進めています。

宇部市の取り組みでは、ＳＤＧｓ推進プラットフォームの設置に特色があります。次のように、ＳＤＧｓ推進センターとイノベーションセンターをシンクロさせています。

・「宇部ＳＤＧｓ推進センター」は、市民、企業、大学など多様な関係者が連携し、経済・社会・環境分野の課題解決と新たなビジネスチャンスなどを創出することで、ＳＤＧｓの達成に向けた取り組みを推進していきます。

・「うべ産業共創イノベーションセンター志」の持つ、人・情報・技術を効果的に共有させ、２つのセンターを機能的・相乗的に活用しています。

また、ＳＤＧｓ人財の育成のために、企業、地域、行政など多様な主体が協働し、ＳＤＧｓに取り組む体制を構築しています。将来を担うＳＤＧｓ人財づくりとして、「せかい！動物かんきょう会議」を開催するなど、子どもたちへのＳＤＧｓ教育も進めています。

宇部市の取り組みについては有識者が次の通り評価しています。

・課題を特定し市民を主力に据えた将来ビジョンや、地域資源をフル活用する実現性の高い数々の具体的目標の設定は高く評価される。各分野の事業数も、他自治体と比べても数が多く、具体的な事業として位置付けていることは評価できる。また、進捗状況はそれぞれであるが、進捗が見える化して管理されており評価できる。

・特にＳＤＧｓのプラットフォームとして位置付けた「うべ産業共創イノベーションセンター志」とＩｏＴ技術を融合させ、新規創業を誘発している姿勢は挑戦的であり評価できる。

第２回未来まちづくりフォーラムでは、スペシャル・シンポジウムに久保田后子市長（当時）

に参加いただきました。「ＳＤＧｓ未来都市と関係者協創の最前線─関係者連携による「協創」で日本一／オンリーワンを目指すには─」というシンポジウムで、私がファシリテーターを務めました。ご登壇いただいた久保田市長からは、次のようなお話をいただきました。

・１９５１年、世界一灰の降るまちと言われた宇部市だったが、その後、すぐに産官学民による公害克服への取り組みを開始し課題解決につなげた。その結果、１９９７年にグローバル５００賞を受賞。これがいわゆる宇部方式である。

・大学はエビデンスに基づいた分析、市民自らが想いを行動につなげていく自主的運動、企業は集塵装置の設置など最新技術の導入やリスクコミュニケーションの徹底、そして行政は積極的な情報公開と説明責任と具体的な対策を打つという形で、それぞれの立場の「人」がその英知を結集して、公害を克服していった。

・公害ですさんだ人々の心を癒やすために、市民の間でまちを花で飾る取り組みが始まり、花壇コンクールに発展。また、花の種子を買うためのお金で彫刻を購入し、駅前の噴水に置いた。これがまちに彫刻を置く運動につながり、今日の「アートによるまちづくり」の先がけとも言

第２回未来まちづくりフォーラムの
スペシャル・シンポジウム

われている。そして、全国で最も歴史のある野外彫刻展が始まり、ＵＢＥビエンナーレとして現在に引き継がれている。

・今日では課題解決や価値創造において必要とされる仕組みである産官学民の連携や関係者によるエビデンスに基づく対話を行い、プラットフォームを約70年前につくり上げ、対立する関係者間の調整を図り、成果を出している。

・この「宇部方式」から引き継がれている「人財」を宝として、ＳＤＧｓを進めている。ＳＤＧｓについて、知ることから始め、自ら考え、そして自主的に行動する。地域においては、すでに設置しているＳＤＧｓフレンズに登録し、身近な所から始まるＳＤＧｓの達成に寄与する住民活動を促進している。中小企業においては、ＳＤＧｓによる経営革新を促進するため、ＳＤＧｓカンパニーの認定制度の創設を進めている。

・行政においては、教育現場におけるＳＤＧｓ教育を積極的に取り入れ、市総合計画と一体的に推進。子どもについては、幼少期からのＳＤＧｓ教育により、世界的・第三者的視点に立った人財づくりを実践する。

ＳＤＧｓ未来都市についての市長の話に、来場者も聞き入っていました。このような熱意で、市民とともに歩むことをモットーとする首長のリーダーシップの下でＳＤＧｓの実践が進んでいると実感しました。

２０２１年に、宇部市は市制施行１００周年という大きな節目を迎えます。市民が安心して暮らせる、持続可能なまちづくりに期待が集まります。

【コラム】ＳＤＧｓ人づくりとネットワークづくり

都市型のリカレント教育

小田原市、岡山市などに共通することは、人生１００年時代に向けみんなで学び、イノベーション創出を目指していることです。これを、生涯教育、いわゆる「リカレント教育」といいます。ＳＤＧｓの「産官学」連携で一層効果的な仕組みになります。

東京都渋谷区は、地域の社会課題を解決するため、区内に拠点を置く企業や大学と協働する制度「シブヤ・ソーシャル・アクション・パートナー（Ｓ－ＳＡＰ）協定」を持ち、21企業、8大学が参加しています（２０２０年8月現在）。

長谷部健区長は、超長寿社会における区民の学びの場として、「渋谷生涯活躍ネットワーク・シブカツ（通称：シブカツ）」を実施。その一環でＳ－ＳＡＰ協定の大学や民間企業と協力して実施する「渋谷ハチコウ大学」もあります。

この協定メンバーのシダックス株式会社は、ＳＤＧｓで関係者連携を推進しています。シダックスグループ（従業員約３万５０００人）では、「ＢｔｏＢ事業」に加え、自治体等の多様な業務を受託する「ＢｔｏＰ事業」（ＰはPublic：自治体・公共団体）を重視、福利厚生に関するトータル・アウトソーシング・サービス企業を目指しています。

この「ＢｔｏＰ」という考えは自治体ＳＤＧｓでヒントになります。仕事の種類が多岐に及ぶので「５００の仕事」というコンセプトで全国における事業を通じたＳＤＧｓ活動を紹介しており、「ＳＤＧｓ自由演技集」といえるものです（https://www.shidax.co.jp/500）。

この背景には、「ソーシャル・ウェルネス」（人と社会の健康で美しい発展）を実現するため、ＳＤＧｓ基本方針を定めて推進する、企業コンソーシアム「ウェルネス・ライフサイエンス研究所」（志太勤一シダックス社長が研究所のコミッショナー、筆者はアドバイザー）の活動があります（２０１３年から開始、２０２０年９月現在、理事会員企業９社）。

この成果を踏まえて、同研究所では、同じくＳ－ＳＡＰの協定メンバーである青山学院大学と共同開発した、企業リーダー向けの学びのプログラム、「ＳＤＧｓユニバーシティ」を推進します。筆者が「校長」を務め、「ウィズ・コロナ時代のＳＤＧｓ」をテーマに有識者、企業経営者、政府、自治体などを招く設計です。青山学院大学の玉木欽也経営学部教授（青山学院ヒューマン・イノベーション・コンサルティング株式会社（青山学院Ｈｉｃｏｎ）代表取締役）が共同研究者として参加します。

進化するネットワーク

広島県福山市出身の小野眞司氏が提唱し、同市を中心に瀬戸内の各所で活動していた「Future Center FUKUYAMA」は、2020年2月に一般社団法人Weave（呼称：ウィーヴ）となりました。福山市を拠点に、東京、大阪などの大都市や様々な地方都市、地域との緩やかなネットワークを広げ、コレクティブインパクトとソーシャルイノベーションの創出を目指しています。Weaveから発信されていく「越境のパートナーシップ」は、ますます進化していくでしょう。

筆者は、小野氏の招きで2018年9月の「福山未来共創塾」（第1回）で登壇し、SDGsの視点から福山の未来を語りました。ともに登壇した、名ファシリテーターの塚本恭之氏（ナレッジワーカーズインスティテュート株式会社・代表取締役）は、ナレッジ（知識）をシェアする「ナレッジワーカー」を増やし、知識が共有される経済や社会を目

2018年9月の「福山未来共創塾」にて
小野眞司氏、塚本恭之氏と

指しています。

市民が集まった福山未来共創塾には福山市長・枝広直幹氏も出席し、活力と魅力に満ちた輝く都市となるよう市民の声に耳を傾けるという市長としての方針の実践をされていました。福山市の市民参加のまちづくりは、共創のネットワークにより、ますます進化を遂げています。

もうひとつご紹介します。東京・大手町の「3×3 LabFuture（さんさんらぼフューチャー）」は、サステナビリティをテーマとし自治体の方も多く登壇する交流拠点です（所有：三菱地所、運営：エコッツェリア協会）。その主軸を担っているのは、関係者ネットワーク構築力が抜群のプロジェクトマネージャー田口真司氏です（第2巻の懇談でも登場）。

ここで出会った宮崎県小林市長（当時）の肥後正弘氏に紹介された移住促進PRムービーの最高傑作〝ンダモシタン小林〟に感動しました。ぜひご覧ください（http://cms.city.kobayashi.lg.jp/display.php?cont=150827102405）。

また、「丸の内プラチナ大学」（学長：小宮山宏・三菱総合研究所理事長）というリカレント教育も行っています。小宮山宏理事長が提唱する「プラチナ」社会には、エコ（グリーン）、

枝広直幹・福山市長（左）と筆者

健康（シルバー）、ＩＴ（ゴールド）など、様々な輝きを持った１ランク上の暮らしという意味が込められています。まさにＳＤＧｓの「18番」の目標といえるでしょう。筆者が「ＳＤＧｓ経営実践コース」を担当します。

また、「アートフルライフコース」の講師・臼井清氏は「丸の内プラチナ大学」の創設メンバーの一人でもあり、心豊かなライフスタイルを見つけるきっかけを提供します。

以上全て、ＳＤＧｓの目標４「質の高い教育」を目指すものです。このように、関係者の連携は「進化する（ｅｖｏｌｖｉｎｇ）」プロセスになるとプラットフォームの強みが発揮されます。

■京都府亀岡市（芸術によるイノベーション）

リカレント教育の関連で京都府亀岡市で生まれた石田梅岩（１６８５－１７４４年）に触れます。梅岩は、「真の商人」は、「先も立ち、我も立つ（相手もうまくいく、自分もうまくいく）」ことを願うものである。ごまかすような商人は、相手をだましてその場を取り繕う。そういう者と真の商人とを同列に論じるべきではないと述べました。

この「先も立ち、我も立つ」の「先」とは「相手」であり、意味するところは、要すれば相手との「ウィン・ウィン関係」の構築です。梅岩のこの思想は「石門心学」と言われます。梅岩はこれを市中での講座で説きました。まさに「リカレント教育の元祖」です。

ＪＲ亀岡駅から梅岩の生誕地まで約11㎞が「石田梅岩心学の道」として整備されました。亀岡市では経済団体などが協議会を組織し、梅岩や心学への理解を深めてもらい、町おこしにつなげようと取り組んでいます。ＪＲ亀岡駅には梅岩像が鎮座し、訪れる人を出迎えています。

亀岡市は、亀岡市民憲章を定め、その前文で「石門心学が生まれ、円山応挙の芸術が育まれた。城下町のたたずまいを色濃くとどめ、華麗な山鉾が巡り、地域に根ざした芸能が息づいている。そんな亀岡に生きるわたくしたち市民は、こうした平安の営みを未来につなぐことを願って、市民憲章を掲げます」としています。

梅岩ゆかりの亀岡市は、２０２０年にＳＤＧｓ未来都市に選定されました。テーマとして、「『かめおか霧の芸術祭』×Ｘ（かけるエックス）～持続可能性を生み出すイノベーションハブ～」を掲げています。

「かめおか霧の芸術祭」を主軸として、行政とアーティストらが協働して分野横断的に人々をつなぎ、循環的な経済圏や新陳代謝のあるコミュニティを形成。「プラごみゼロ」具体化事業とアートとの関連づけや「プラごみゼロ環境ブランドマーク」認定制度なども含め、芸術・文化を起爆剤として経済・社会・環境の統合を目指します。

■大阪府・大阪市の共同提案ＳＤＧｓ未来都市

２００年以上続いた企業数など、長寿企業が日本は世界一といわれています。商家の共通願望は事業の継続にあり、関西には特色ある老舗も多く、梅岩の考えや三方良しが底流にあるのでしょう。

２０２５年国際博覧会に大阪誘致を掲げた日本が開催地に選ばれました。日本での大規模な博覧会は、１９７０年の大阪、２００５年の愛知以来3度目となります。

投票に先立つ最終プレゼンテーションでは、日本から世耕弘成経済産業相が「大阪の万博は世界中の人がつながりあうための実験場になる」とスピーチしました。パナソニックは、ソーラーランタンのＳＤＧｓプロジェクトをアピールしました。

２０２５年の大阪・関西万博が目指すものは次の2点です。

・国連が掲げるＳＤＧｓが達成される社会
・日本の国家戦略Ｓｏｃｉｅｔｙ５・０の実現

このためには企業の創造性とイノベーションが必須であり、「いのち輝く未来社会のデザイン」をテーマに、サステナブルな未来に向けた商人力も試されることになるでしょう。

そして、２０２０年度にＳＤＧｓ未来都市として、大阪府と大阪市の共同提案「２０２５年大阪・関西万博をインパクトとした『ＳＤＧｓ先進都市』の実現に向けて」が選定されました。

大阪府はすでに、２０１９年の第3回ジャパンＳＤＧｓアワードで内閣官房長官賞を受賞しています。「自治体ＳＤＧｓの推進に向けた自己分析モデルの構築」というテーマでした。ＳＤＧｓの17の目標の到達点を可視化できるものとして評価されました。

今回の未来都市では、ＳＤＧｓ自治体モデル事業にも選定されましたが、２０１９年に行われたG20大阪サミットで共有された海洋プラスチックごみの削減を目指す「大阪ブルー・オーシャン・ビジョン」の実現に向け、世界を先導する取り組みを行っていくものです。「大阪ブルー・オーシャン・ビジョン」は「オール・ニッポン」で取り組むべき課題であり、ほかの自治体にも応用できますので、提案内容の図版を掲載します。

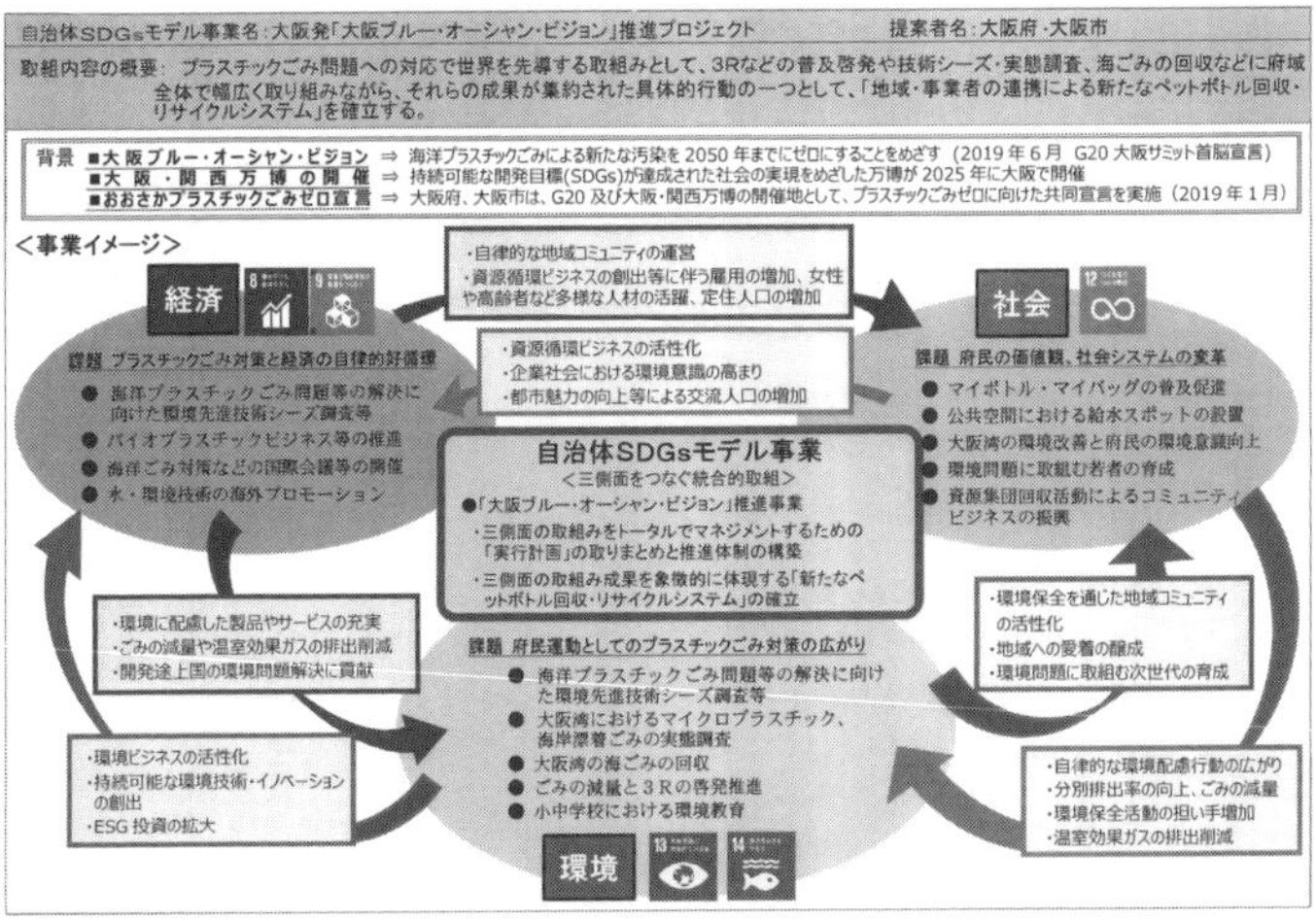

大阪府・大阪市の2020年度自治体ＳＤＧｓモデル事業の内容

人づくりでは「ライフスタイルの変革」への意識改革

ひとづくりは、持続可能な社会に向けての最重要課題です。ＳＤＧｓ目標４のターゲット４・７「持続可能な開発のための教育」は未来づくりに向けて意識を変えるところから始まります。岡山市のＥＳＤへの取り組みが参考になります。

大阪府・大阪市の提案は、ＳＤＧｓ目標12のターゲット12・８にある「人々のライフスタイルの変革」、つまり、持続可能な価値観を持った人づくりに大いに貢献するものです。オール・ニッポンで万博に向けて準備しましょう。

日本には小田原市が活用している二宮尊徳や亀岡市の石田梅岩などの偉人が示した、すぐれた考え方がもともと古くからあります。これも活かして日本の良さを世界に伝える発信力のある人材が必要です。

まさに二宮尊徳の言う「心田開発」が重要です。

Sustainable
Development
Goals

第4章

事例で見るSDGs ③まちづくり

最近は、まちの魅力がひとを呼び、ひとが集まって、しごとが起きるというアプローチも重視されています。

第2章の冒頭でも述べた通り、地方創生法の基本戦略の第1期においては、「しごと」が「ひと」を呼び、「ひと」が「まち」をつくるという流れが強く出ていました。これが第2期では、「ひと」を呼び込む要素は「しごと」とは限らない。「まち」の魅力が「ひと」を呼び込み、その「ひと」が集まって「しごと」を起こすというアプローチもあり得る。このような「まち起点」のアプローチの重要性が高まっているといわれています。

その背景には、東京圏への人材流出、特に若者の地方からの流出が一向に収まっていないという危機感があります。そこで、第2期では、まち起点のアプローチも重視されているのです。本章の事例分析では、このような視点も十分に盛り込みます。

■北海道下川町（ザ・ＳＤＧｓ未来都市）

北海道下川町は、日本を代表するＳＤＧｓ未来まちづくりの事例です。２０１７年12月の「第1回ジャパンＳＤＧｓアワード」で内閣総理大臣賞を受賞。当時私は、「パートナーシップ賞（特別賞）」を受賞した伊藤園に勤務していました。授賞式以来、谷一之町長とお話をさせていただいています。

下川町は、今ではＳＤＧｓについて最も知られている、また最も総合的なＳＤＧｓ未来都市になりました。もともと木材資源の活用からスタートしましたが、今では経済・社会・環境の統合を行う戦略的なまちづくりとしてモデル型です。

　下川町は北海道の北部に位置する内陸の町で、人口は３２０１人（２０２０年９月現在）です。町の面積は東京23区の面積に相当し、約９割が森林で覆われ、豊かな自然資源を活かし農林業を基幹産業としています。「循環型森林経営システム」を核に、自然資源産業など新たな価値を創出し続けています。

　２０１８年にはＳＤＧｓを取り入れた「２０３０年における下川町のありたい姿（下川版ＳＤＧｓ）」を地域住民が中心となって策定しました。これを将来像とする「総合計画（最上位計画）」を策定、現在はこの実現に向け本格実行段階にあります。第２巻で触れた通り、「下川町における持続可能な開発目標推進条例」を制定しています（２０１８年７月１日施行）。

　下川町では森林環境を利用した地域社会形成に注力、ＳＤＧｓの取り組みとして、循環型の森林経営と木材をムダなく使う加工システムを導入した森林総合産業を発展させています。森林バイオマスの熱供給システムを公共施設や住宅に取り入れている点も特徴です。

谷一之・下川町長（左）と筆者

林地残材や木くず等も活用する「木質バイオマス」という再生可能エネルギーが注目されていますが、下川町は早くも２００４年には森林バイオマスによるエネルギー転換に取り組み、２００８年に「環境モデル都市」に認定されています。地域熱供給システムを整備する等低炭素化を先駆的に進め、全国の小規模山村地域の先駆的モデルとして認められたものです。２０１３年には、関係府省が共同でとりまとめた「バイオマス事業化戦略」に基づく「バイオマス産業都市」としての認定も受けています。

下川町では、バイオマスの再生可能エネルギーで企業誘致に成功したオーストリアのギュッシング市という町の事例に学んでいます。ギュッシング市は「オーストリアで最も貧しい地域」といわれていた人口わずか約４０００人の地方自治体です（オーストリアの東端に位置）。

下川町は、ギュッシング市をはじめ、オーストリアのヴェルフェンヴェング村やスウェーデンのベクショー市等の中小規模の森林活用先進地に、すでに職員を派遣し、情報交換を行い、森林施業やバイオマス活用に関して欧州とのネットワークでノウハウの習得を図っています。

私はかつて長野県で実施された「信州山岳環境魅力発信フォーラム」（２０１５年2月）でオーストリア大使館ルイジ・フィノキアーロ氏とご一緒しましたが、林業政策では教育が重要で、林業からお金を生み出せる経営人材の育成をオーストリアでは重視している、と発表されていました。なるほどと思いました。私は、関東森林管理局長時代に日本では技術研修に重点を置いている印象を持ちましたが、オーストリアの経営人材育成のシステムは参考になりそうです。

下川町の取り組みについては専門家から次のように評価されています。

・ＳＤＧｓの進め方を全国に広く周知し、下川版ＳＤＧｓインディケーターを設定する取り組みは下川町オリジナルの非常に良い取り組みであり、他の自治体にも参考になる。

・小さくてもできる、小さいからこそできる、という良いモデルになっており、他の自治体への普及を期待する。

ここで評価されている下川版のインディケータとは、例えば社会に関する次のようなものです。

・現在の下川町は住み良いところと感じる住民率【ターゲット３・d、11・３、11・b】
２０１７年 73・９％↓２０３０年 90・０％

・自分の好きなことや生きがいのある住民率【ターゲット４・３】
２０１７年 59・８％↓２０３０年 80・０％

・まちづくりに対して関心の高い住民の割合（10点満点）【ターゲット17・17】
２０１７年 ５・94点↓２０３０年 ８・０点

■埼玉県さいたま市（SDGs国際未来都市）

さいたま市は、東京から30㎞圏の関東平野のほぼ中心、埼玉県の南東部に位置しています。２００１年に旧浦和市・大宮市・与野市の合併により誕生し、２００３年には全国で13番目の政令指定都市になり、２００５年の旧岩槻市との合併を経て現在に至ります。人口は１３２万２７３７人、世帯数は61万１３４７世帯（２０２０年9月1日時点）です。

多様な歴史的、文化的資源を持ち、大宮の盆栽、岩槻の人形、浦和のうなぎ等の伝統産業が受け継がれているほか、Ｊリーグの浦和レッズ・大宮アルディージャのホームタウンとしても知られています。

古くは中山道の宿場町として発展してきた歴史を持ち、現在は新幹線をはじめ、ＪＲ各線や私鉄線6路線が結節する東日本の交通の要衝です。東日本の多種多様なヒト・モノ・情報が集まる首都圏の対流拠点に位置付けられています。

さいたま市の取り組みでは、「東日本連携」の推進と「ＣＳＲチャレンジ企業認証制度」に特色があります。

「東日本連携」の推進では、新幹線の駅が所在する都市を軸にした新たな広域連携を推進すべく、２０１５年から「東日本連携・創生フォーラム」を開催し、首都圏の対流拠点として、新たな「ヒト・モノ・情報」の流れを生み出すべく、各都市との交流・連携を促す事業を推進しています。また、２０１９年3月に開設した「東日本連携センター（まるまるひがしにほん）」を核に、東日本各都市によるシティプロモーションやビジネス交流の機会を創出し、東日本全体の交流・情報発信・地域活性化を促進しています。

また、ＣＳＲを推進する市内中小企業を対象とした「さいたま市ＣＳＲチャレンジ企業認証制度」も特色があります。「ＣＳＲ経営推進マニュアル」の活用により、企業のＣＳＲ活動とＳＤＧｓとの関連性をわかりやすく解説することで、市内中小企業の「サスティナブル・カンパニー」づくりを推進しています。

さらに、国際パートナーシップの構築にも力を入れています。２０１０年からＥＶ（電気自動車）の普及を目的に開催してきた「Ｅ－ＫＩＺＵＮＡサミット」をさらに「持続可能なまちづくり」に向けて発展させ、新たに「（仮称）Ｅ－ＫＩＺＵＮＡグローバルサミット」を２０２２年に開催する予定としています。

国際的ステークホルダーとの交流を深化させ、イクレイをはじめとした様々な団体とパートナーシップを構築し、市の持続可能な発展へ結び付けていきます。

なお、清水勇人さいたま市長には未来まちづくりフォーラム第2回にご登壇いただき、「人と人を絆で結ぶ「スマートシティさいたまモデル」」というタイトルで講演いただきました。

■熊本県熊本市（熊本地震の経験と教訓を活かす）

熊本市の人口は、熊本県人口の４割以上の約73万２８００人（２０２０年９月現在）、面積約３９０㎢。２０１２年４月に政令指定都市へ移行しました。２０１６年には熊本地震の影響等もあり、初めて人口が減少に転じました。高齢化率は、２０１８年時点で25・５％ですが、２０４０年には33・３％に上昇すると予測されています。

産業構造は、第三次産業85・９％、第二次産業13・８％、第一次産業０・３％であり、サービス産業が中心です。第一次産業では、農水産業が高い生産性を誇ります。第二次産業は、半導体産業、輸送機器産業、ハイテク産業、バイオ産業が集積しています。

水道水源を１００％地下水で賄っているのは、人口50万人以上の都市では日本で唯一であり、世界でも稀有です。

自治体ＳＤＧｓモデル事業の「ライフライン強靭化（lifeline resilience）プロジェクト」の概要は次の通りです。

次頁に示したような図が熊本市から発信されています。地域エネルギーの地産地消の発展、電気自動車の電力供給に係る官民連携事業、ＥＶバスの導入促進の３つの要素を結びつけて総合的な政策にしているところが参考になります。

熊本市では震災の経験を活かした防災・減災のまちづくりとして次の点に力を注ぎます。

・中心市街地や地域拠点、災害対応に必要な拠点における防災機能を強化する。

・建築物やインフラの耐震化や機能強化、公園などの緑地保全や創出、道路や公共交通等のネットワークの構築及び移動手段の多重化等の公共交通の災害対応力の向上を図る。

・避難所の指定・運営方法の見直し、福祉避難所の拡充、応急給水体制の強化等の避難環境の見直し・強化を図る。

・防災先進都市としての知見や技術を世界に広く発信していく。

熊本市の取り組みに対しては、地震の経験と教訓を踏まえてSDGsに取り込むテーマ設定には普遍性があり、経済・社会・環境の三側面

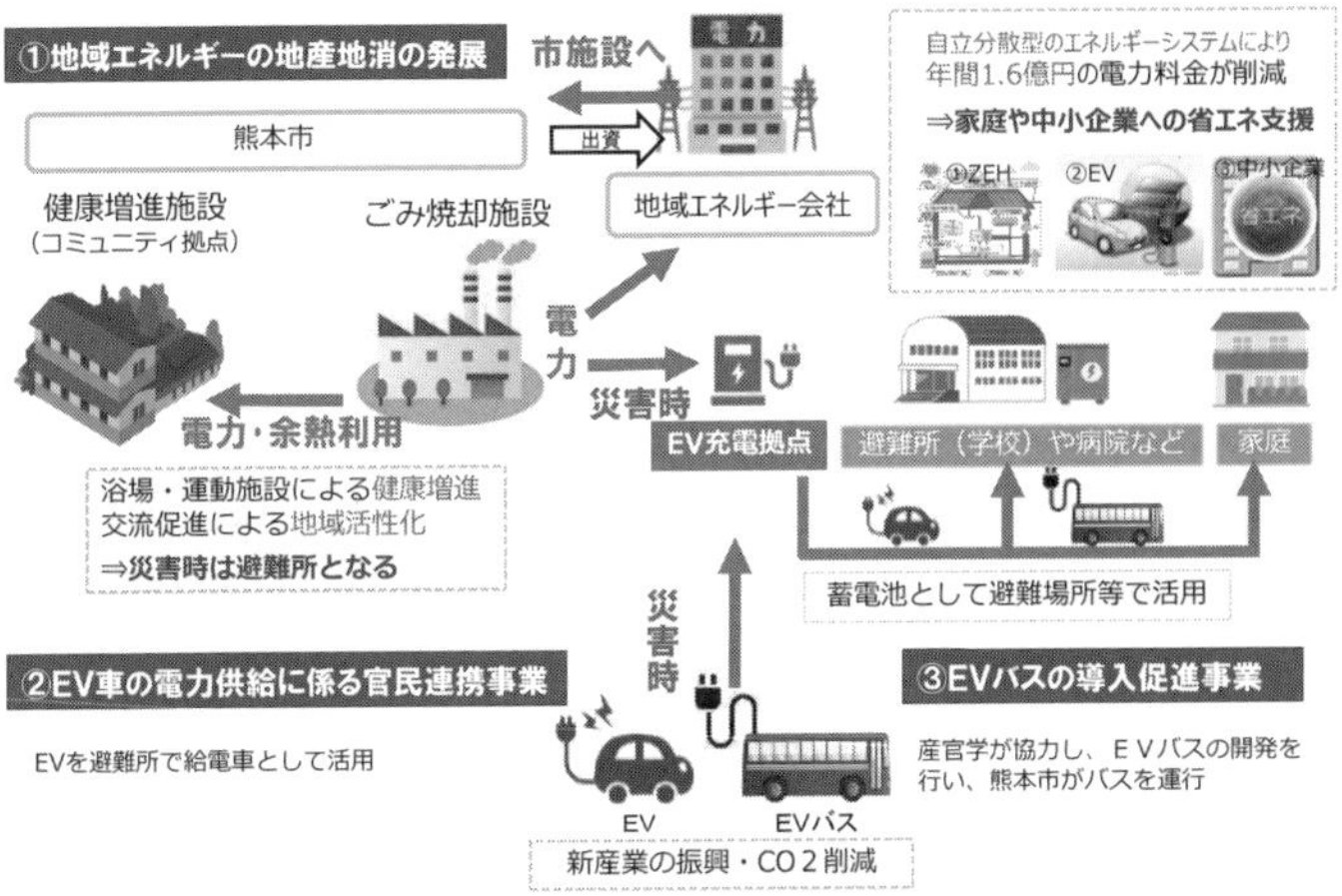

出典：熊本市のSDGsの取組と技術改革への対応（熊本市）

ライフライン強靭化（lifeline resilience）プロジェクト

における取り組みのバランスがよく、好循環がつくり出されていると評価されています。

２０２０年２月に大西一史市長と懇談しました。ＳＤＧｓ未来都市になったことを受けて、ＳＤＧｓの理解促進とＳＤＧｓ熊本モデルを発信していくことやイノベーションの創出とパートナーシップ重視について語る市長のＳＤＧｓの理解の深さがわかり、改めてトップ・リーダーシップの重要性を感じました。

大西一史・熊本市長（右）と筆者

【コラム】熊本城の一日も早い復興を祈る

熊本市長と懇談した後には熊本城の復旧作業について視察する機会をいただきました。案内いただいたのは津曲俊博氏（熊本市熊本城総合事務所首席審議員）でした。熊本地震の記憶も新しいと思いますが、現在、被災した熊本城の復旧作業中です。この震災の記憶を留めながら、復旧・復興するために作業中の内容を市民にも開放し、地震の怖さや

熊本城の視察

復旧の難しさも理解しながら復興するという、世界でもあまり例をみない取り組みに着手をされていました。今後の一日も早い復興が期待されます。

富山県富山市（コンパクトシティの深化）

富山市は２０１８年度に「ＳＤＧｓ未来都市」及び「自治体ＳＤＧｓモデル事業」に選ばれました。少子高齢化が進んでいる同市ですが、公共交通を軸とした拠点集中型のコンパクトなまちづくりを基本方針として、次世代路面電車などの公共交通機関を整備し、社会インフラを拡充。かつては自動車への過度の依存がありましたが、今では持続可能なコンパクトシティに変わろうとしています。

富山市は、富山県の中央部に位置する人口約41万４５００人（２０２０年8月現在）の県庁所在都市です。豊富な水資源をはじめ様々な自然エネルギーに恵まれており、河川や水路の落差を利用した小水力発電や、市域の約7割を占める森林を活用した森林バイオマスなど、再生可能エネルギーを導入する上で有利な条件を備えています。

国連ＳＥ４Ａｌｌ（Sustainable Energy for All）における「エネルギー効率改善都市」に日本

で唯一選定され、エネルギー効率改善ペースの加速等により、化石燃料消費の抑制を図っています。

また、２０１４年12月に米国・ロックフェラー財団から「１００のレジリエント・シティ」（１００ＲＣ）として選定。これを受け「富山市レジリエンス戦略」を策定し、自然災害等に対応する都市レジリエンスの向上に資する様々な取り組みを推進しています。

自治体ＳＤＧｓモデル事業は「コンパクトシティ戦略による持続可能な付加価値創造都市の実現」です。

第一の柱は、ＩｏＴを活用したヘルシー&スマートシティの形成で次の要素を盛り込んでいます。

・えごま6次産業化推進事業（スマート農業）

エゴマの6次産業化推進の一環として、大規模圃場（24ha）において、ＡＩ農機具を活用し、ＩＣＴによる効率的なエゴマ栽培方法の確立を図る。

・市民の「歩くライフスタイル」への行動変容を促す施策検討

過度に自動車に依存したライフスタイルからの行動変容を促すＩＣＴを活用した施策を実施し、歩いて健康に暮らすライフスタイルの定着を図る。

また、スマート農業導入コンソーシアムを組織し、無人自動運転トラクターやドローン等のスマート農業機械の活用を検討しています。

第二の柱は、ＬＲＴネットワークをはじめとする持続可能な地域公共交通網の形成です。

富山駅路面電車南北接続事業により駅北側の富山ライトレールと南側の市内電車を接続することにより、15・２㎞の路面電車ネットワークが完成しました（２０２０年３月20日開通）。１９０８年の富山駅開業以降、１００年以上続いた鉄路による南北分断が解消され、富山市のコンパクトなまちづくりは大きな到達点を迎えました。市と鉄道事業者等の企業との連携と市民の理解と協力の賜物です。

富山市は、パリ、メルボルン、ポートランド、バンクーバーとともに、ＯＥＣＤ（経済協力開発機構）で、経済・社会・環境面での幅広い効果があるコンパクトシティ政策の事例研究の対象に選定されています（２０１２年６月）。私は農林水産省でＯＥＣＤも担当したことがあるので、その事例になることはすばらしいということがわかります。

富山市にはパリと同じ方式（ヴェリヴ）の自転車シェアの仕組み（アヴィレ）が導入されています。インバウンドの観光客が戻ってくれば、パリの自転車シェアが欧米各国に派及しているの

市内を走るLRT

で欧米人が注目すると思います。

富山市では、ライトレール（ＬＲＴ）の導入等のインフラ整備と合わせ、ソフト面でも、高齢者の料金を１００円とする「おでかけ定期券」事業を実施。また、富山市の対象施設（ファミリーパーク、科学博物館、天文台、郷土博物館等）と連携し、「孫とおでかけ」支援事業という特色ある取り組みもしています。孫とこれら施設に訪れると無料となる制度で、市役所で見かけた、孫といっしょなら「ジージもターダ」「バーバもターダ」というポスターが印象的でした。高齢者が「まちなか」に出たくなる仕掛けです。中心市街地活性化と高齢者政策・健康政策を複合的に組み合わせた共通価値創造です。

自転車シェア（アヴィレ）

鉄道会社やお出かけ施設にとっては、乗客・来訪者増加という本業への好影響が、高齢者と家族にとってはおでかけによる健康効果や安価で学習できる効果が、市にとっては中心市街地の活性化や医療費負担の軽減が期待できるというわけです。

市では、花によるうるおいのまちづくりも進めており、「花Ｔｒａｍ」事業といってまちなかで花束を買い、その花束を持って電車に乗ると無料にするというシャレた政策まで実施。まさに

「センス・オブ・プレイス」を感じさせます。

富山市については、有識者からコンパクトシティとLRTで全国で最も先進的であり、壮大な社会実験を20年間続けていると評価されています。また、付加価値としてのSDGsという視点を強めることが期待されています。

富山「つながる、ひろがる。」

路面電車が「つながる」ことで、富山のまちが「ひろがる」。
富山のまちが「つながる」ことで、市民の未来が「ひろがる」。

これが、路面電車の南北接続事業完成のキャッチフレーズです。これにより、富山市が進めてきたコンパクトシティ政策をはじめとするまちづくりは、ひとつの集大成を迎えました。

鉄軌道事業関連では、ポートラムの開業、市内路面電車の環状線化、さらに北陸新幹線の開業と、長年にわたる整備が行われてきましたが、特に新幹線の開業以降は、富山駅と市街中心部へのビジネス客・観光客の来訪が増加しています。

市にとって、公共交通の利便性の向上と駅周辺の整備は非常に重要な事業として位置付けられており、その完成の節目が路面電車の南北接続でした。公共交通インフラの充実のみならず、市民全体のライフスタイルに変化をもたらすことが期待されています。

【コラム】中欧で考えた持続可能なまちづくりと交通

持続可能なまちづくりと交通はＳＤＧｓ目標11の重要なテーマです。中欧の旅でまちづくりと持続可能な交通を考えました。

ＳＤＧｓの国別順位で中欧は高順位です。ドイツのベルテルスマン財団と国連持続可能な開発ソリューション・ネットワーク（ＳＤＳＮ）が「ＳＤＧｓインデックス&ダッシュボード」という名でＳＤＧｓの国別達成度のランキングを発表しています（https://www.sdgindex.org）。

２０２０年発表では日本は１６６か国中17位（２０１９年は15位）。１位スウェーデン、２位デンマーク、３位フィンランド、４位フランス、５位ドイツの順で、以下主な国では、イギリス13位、米国31位、中国48位。

このうち、７位オーストリア、８位チェコ、29位ハンガリーを、目標11「住み続けられるまちづくり」のうち交通システムを意識して回ってみました。まちづくりで主要な指標のひとつが、持続可能な交通システムです。上記のランキングでは各目標についていくつかの指標で比較しています。目標11では、次の３つです。

①都市部での2・5未満の粒子状物質（PM2・5）
②改善された水源、配管（アクセスできる都市人口の割合）
③公共交通機関に対する満足度（%）

このうち先進国都市では、1番目や2番目はクリア済みなので、3番目の公共交通機関に対する満足度（%）の指標に差が出ると思います。各指標には経年変化も出ています。

オーストリア・ウィーンにはCitybike、ハンガリー・ブダペストにはMOL Bubiという自転車シェアシステムがあります。共にパリのVelibの仕組みに近いものです。ウィーンではシェーンブルン宮殿前にも駐輪場があります。自転車用の歩道も相当に整備されており、すでに生活に定着していて観光客も使います。最近は電動キックボードも定着しつつあります。

これら都市では路面電車も効果的な活用が進んでいます。チェコ・プラハでは低床型の次世代交通と旧型が併用されていました。

新旧路面電車（プラハ）

自転車シェアシステム（ウィーン）

ハンガリーの首都・ブダペストには唯一世界文化遺産になっている地下鉄もあります。１８９６年に開業した１号線は、ロンドン、イスタンブールに次いで世界で３番目に開業の地下鉄。電気運転の地下鉄としては世界初です。黄色くて小さな車体で連結部分にドアのない３両編成で、駅もレトロ感満載でした。

ブダペストの中心部は、「ブダペストのドナウ河岸とブダ城地区およびアンドラーシ通り」という登録名で世界遺産に登録されています。地下鉄は「アンドラーシ通りとその地下」に含まれます。これは日本の世界遺産、熊野古道の沿道にある『つぼ湯』が熊野詣の湯垢離場として世界遺産に登録されているのに近いかもしれません。

船も重要な交通システムです。橋とともに観光名所を形成しています。チェコの「プラハ歴史地区」(世界遺産)を流れるヴルタヴァ川はチェコの作曲家スメタナが連作交響詩『わが祖国』で題材としました。この川に架かる石橋「カレル橋」は美しいゴシック様式で、多くの観光客で賑わっています。

ブダペストの地下鉄１号線

ブダペストの夜景はヨーロッパ随一と言われます。ドナウ川に架かるセーチェニくさり橋の夜景は世界でも有名です。北から南へ向かってマルギット橋、くさり橋、エルジェーベト橋、自由橋の順でブダ側とペスト側をつないでいます。確かに夜景を楽しむ船旅は素晴らしいです。

ちなみに、これらオーストリア、ハンガリーでは、３番目の公共交通機関に対する満足度（%）の指標は昨年に比べ上昇しています。

ブダペストの夜景

■石川県白山市（SDGs連合）

ＳＤＧｓ未来都市の石川県白山市では、第１回ジャパンＳＤＧｓアワード内閣官房長官賞を受賞した金沢工業大学と連携し、ＮＴＴドコモとＳＤＧｓにおける５Ｇ・ＩＣＴの利活用推進に関する連携協定を締結しています（２０１８年11月）。

ＮＴＴドコモは、「まち」「ひと」「しごと」を応援し、持続可能な地域社会の実現に貢献するための「ドコモの地域協創」というプログラムを全国で展開しています。産業振興、災害対策、人口減少、超高齢化、事業承継、雇用創出といった地域課題に対し、ドコモはＩＣＴ（情報通信技術）ソリューションを活用した様々な解決策を提案しています。

ＩＣＴ企業のような幅広い関係者の活動基盤を提供する「プラットフォーマー」がＳＤＧｓ化すると、ＳＤＧｓネットワークが広がっていくので、その役割はきわめて大きいのです。

地域での発信手法も、知事や有識者を招き、ＩＣＴへの実需がある地元関係者向けのシンポジウムの開催などを行い、「＋ｄ」（いつもドコモとともにあるの意味）のキャンペーンを効果的に実施しています。

この手法は、「Intel inside」と同じ意味があります。これからはＢ ｔｏ Ｂでも、どんどん、このような「クレジット付き」で自社のプレゼンスを出しておくべきでしょう。これまでともすれば、裏方になってどこに何の製品が使われているかわからないまま提供されてきた製品が多かったですが、現在は、消費者が部品についてもその出所に関心を寄せています。Ｂ ｔｏ Ｂでも「顔の見える関係」を構築することが他社製品との差別化につながっていきます。ＳＤＧｓ仲間同士の結束がそれをさらに加速していくでしょう。

ＩＣＴ企業は5Ｇ時代を迎え、あらゆるエリア、あらゆる産業に対してプラットフォーマーとしての役割があり、オープン・イノベーションによるＩＣＴ技術の実需への結びつけが期待されます。

２０１９年６月14日に閣議決定された「世界最先端デジタル国家創造宣言・官民データ活用推進基本計画（ＩＴ新戦略）」には、全国にある約20万８０００基の信号機を５Ｇ基地局の整備に活用できるようにするプロジェクトが打ち出されました。

いよいよ実装が始まった５Ｇでは、むしろ課題が明確な地域では実装が早いともいわれており、同社のように地域の課題と寄りそっている企業は、ＳＤＧｓ目標11「持続可能な都市」を目標９「イノベーション」により達成するモデル事例になっていくと思います。白山市の事例のようにＩＣＴのようなプラットフォーマー企業との間で自治体が協定を結び、継続的にＳＤＧｓの推進を図ることが大変効果的です。

白山市ＳＤＧｓ未来都市計画への協力や５Ｇ・ＩＣＴ技術を活用したデータ分析・人材育成での連携を行う。これが「ＳＤＧｓ仲間づくり」の典型例だと思います。ＳＤＧｓ仲間が「協定」という形で継続性のある取り組みを加速していくことが期待されます。

まちづくりには、「ハートウェア」

これまで、まちづくりには、ハードウェア（施設整備）とソフトウェア（仕組み）が重要でした。これからはこの二つに加え、「ハートウェア」が必要です。つまり市民の意識と価値観に訴えかけて行動につなげることが必要です。

自治体が、いくらハードウェアを整えソフトウェアで仕組みをつくっても、市民がそれを理解し、使わなければ動かないからです。

その意味では、本章で取り上げた事例はいずれも、ＳＤＧｓの経済・社会・環境の三位一体構造をつくり、首長のイニシアチブで発信し、市民力で実行につないでいます。

新型コロナのパンデミックにより、ライフスタイルや働き方など全ての面で人々の価値観が大きく変化していますので、ますますハートウェアが重要です。

「グレート・リセット」での対応には、「誰ひとり取り残さない」という理念のＳＤＧｓでパートナーシップを生かすことが必須になります。

Sustainable
Development
Goals

第5章

進み行く関係者の連携

SDGs を使って、ますます関係者の連携協働体制ができ上がっています。そのプラットフォームをどうつくり、どのように活用すればいいのでしょうか。

進むSDGsの地域レベルの官民連携

全国で様々なＳＤＧｓに関するプラットフォームづくりが進んでいます。興味深い調査結果があります。内閣府がつくった地方創生ＳＤＧｓ官民連携プラットフォームにより、２０１９年９月に行われた調査です（「ＳＤＧｓ地域レベルの官民連携見える化調査」）。

調査結果は、Ⅰ．会議体、Ⅱ．登録・認証制度、Ⅲ．拠点の設置、Ⅳ．協定締結、Ⅴ．その他の区分で分類して整理されています。次々に地域レベルでの連携の仕組みができています。読者の皆様は自身の自治体へのヒントにできます。

※以下、自治体名・タイトル

Ⅰ．会議体

埼玉県さいたま市	東日本連携・創生フォーラム
静岡県浜松市	浜松市ＳＤＧｓ推進プラットフォーム
三重県いなべ市	官民連携いなべＳＤＧｓ懇談会
大阪府大阪市東成区	ひがしなり企業区民連携フォーラム
京都府京都市	京都　産学公ＳＤＧｓプロジェクト

鳥取県	とっとりＳＤＧｓ推進会議（官民連携プラットフォーム）
岡山県真庭市	真庭ＳＤＧｓパートナー制度・真庭ＳＤＧｓ円卓会議
福岡県北九州市	北九州ＳＤＧｓクラブ

Ⅱ．登録・認証制度

埼玉県さいたま市	さいたま市ＣＳＲチャレンジ企業認証制度
埼玉県さいたま市	ＣＳパートナーズ
神奈川県	かながわＳＤＧｓパートナー制度
長野県	長野県ＳＤＧｓ推進企業登録制度
岡山県真庭市	真庭ＳＤＧｓパートナー制度・真庭ＳＤＧｓ円卓会議（再掲）
山口県宇部市	宇部ＳＤＧｓ推進センター、宇部ＳＤＧｓフレンズ

Ⅲ．拠点の設置

東京都日野市	ＳＤＧｓ推進拠点の設置、ＳＤＧｓ推進に係る包括連携協定の締結
滋賀県	滋賀ＳＤＧｓ×イノベーションハブ
島根県益田市	ＳＤＧｓ達成に向けた「益田モデル」の普及
山口県宇部市	宇部ＳＤＧｓ推進センター、宇部ＳＤＧｓフレンズ（再掲）

Ⅳ．協定締結

岩手県	奥州市協働まちづくりプロジェクト ネコもＳＤＧｓ

宮城県東松島市	ＫＤＤＩグループとの地域活性化を目的とした連携に関する協定
宮城県東松島市	東北大学大学院環境科学研究科との連携協定
東京都日野市	ＳＤＧｓ推進拠点の設置、ＳＤＧｓ推進に係る包括連携協定の締結（再掲）
神奈川県	ＳＤＧｓ推進に向けた企業との協定締結
石川県小松市	コマニー株式会社と小松市とのＳＤＧｓ推進に関するパートナー協定
福井県鯖江市	鯖江市と三井住友海上火災株式会社との包括連携協定
福井県鯖江市	鯖江市と福井県民生活協同組合との包括連携協定
静岡県御殿場市	人工衛星に係る校正検証及び衛星データ利用等に係る連携協力に関する基本協定
静岡県御殿場市	ＫＤＤＩ株式会社との包括連携協定
静岡県御殿場市	御殿場市・地上調査のためのＵＡＶ（無人航空機）運用研究会先端技術開発等に関する包括連携協定
静岡県御殿場市	御殿場市エコガーデンシティ推進協議会
静岡県御殿場市	株式会社セブン－イレブンジャパンとのＳＤＧｓへの取組に関する包括連携協定
静岡県御殿場市	先端技術開発等に係る包括的連携に関する協定
静岡県御殿場市	人工衛星に係る校正検証及び衛星データ利用等に係る連携協力に関する基本協定
愛知県尾張旭市	地域活性化包括連携協定

大阪府門真市	子どもを真ん中においた施策推進及びSDGs推進に係る事業連携・協力に関する協定

V. その他

岩手県	奥州市協働まちづくりプロジェクト ネコもSDGs（再掲）
神奈川県	UNDP（国連開発計画）とのSDGs推進に向けた連携
福井県鯖江市	鯖江市SDGsウィーク開催
滋賀県	滋賀×SDGs交流会
大阪府富田林市	「富田林版SDGs取組方針」の策定
香川県	SDGsパネル展
愛媛県松山市	国際協力・国際理解推進実行委員会

加速する企業SDGs

このリストを見ると、日本には、SDGs自治体とパートナーになり得る企業が多くあります。

自治体SDGsにはSustainability（サステナビリティ）が大切ですが、もうひとつの「S」としてScaling（スケーリング）が重要です。自治体SDGsはともすれば小規模のコラボに終わりがちですが、企業のイノベーション力を引き出し、良いことをスケールさせていくことが重要です。

木材等の資材メーカーである**大建工業**は新たな市場を目指し同社の「素材」という原点から新しい社会課題ニーズと向き合っています。ＳＤＧｓが開発のテーマになると考えて、ＳＤＧｓ未来都市岡山市にＲ＆Ｄセンターをつくりました。

ＳＤＧｓアワード特別賞受賞の**伊藤園**は、九州５県と静岡県で耕作放棄地も活用する茶産地育成事業（新産地事業）を展開し地元の自治体と協定を結ぶなど安定的な関係を構築しています。製造ではＳＤＧｓ企業と連携し茶殻リサイクルも行い、販売では「お茶で日本を美しく」キャンペーンなども実施しています。バリューチェーン全体で「茶畑から茶殻まで」持続可能な生産と消費に対応し、ＳＤＧｓ経営の効果が明らかとなっています。

持続可能な農業のＳＤＧｓでは、地産地消を重視する**モスフード**の取り組みもＳＤＧｓ先進事例です。

【コラム】最先端のＳＤＧｓ経営企業

モスフードサービスは、経営理念「人間貢献・社会貢献」の下で、「基本方針（私たちの理想の姿）」として次のとおり定めています。

誰に接しても、親切で優しく、明るく朗らかで、キビキビした行動、清潔な店と人柄、そういうお店でありたい。「心のやすらぎ」「ほのぼのとした暖かさ」を感じて頂くために努力しよう。

同社は、ＳＤＧｓの目標と関連付けて、①健康に寄与する食の提供（目標３）、②地域に密着した店舗運営（目標11、17）、③働き方改革（目標８、10）、④環境負荷の低減（目標12）の４つの重要課題（企業では「マテリアリティ」といいます）を定めています。その上で、ＳＤＧｓの17の目標に加え、独自の「18番目の目標」として、同社の基本方針にある「心のやすらぎ」「ほのぼのとした暖かさ」を掲げるＳＤＧｓ経営です。

地域限定商品の販売にも力を入れ、２０１９年度は静岡県内の食材を使用した〝静岡・焼津港水揚げかつおメンチカツバーガー〟〝ふるふるサラダ　駿河湾水揚げしらす使用〟などの地域限定商品を販売しました。

経済産業省の「ＳＤＧｓ経営・ＥＳＧ投資研究会」には、**東京海上ＨＤ**永野毅取締役会長（研究会当時は社長）が参加しました。東京海上ＨＤの事例は、製造業以外でもバリューチェーン見直しやＳＤＧｓの当てはめは社会課題の客観化に役立つことが明らかとなる事例です。高知県など本業のノウハウを生かしＢＣＰ関連の協定を結んでいます。

滋賀銀行は、地方銀行が地域におけるひとつの有力なプラットフォーマーとして、ＳＤＧｓをまず部署内の改革に使い行員のモチベーションを上げ、そのモチベーションの上がった行員が顧客に対して提案や商品開発を行います。プラットフォーマーがＳＤＧｓ化すると波及力が非常に大きいです（なお、高橋祥二郎頭取には、２０２０年2月20日未来まちづくりフォーラム（第2回）シンポジウム「ＳＤＧｓ未来都市と関係者協創の最前線」（筆者がファシリテーター）に登壇いただきました）。

また、滋賀銀行は２０１９年5月に地銀8行でつくる「ＴＳＵＢＡＳＡアライアンス」に参加しました。ＩＴ（情報技術）と金融が融合したフィンテックを活用した商品開発や、顧客の相互紹介などに取り組む広域連携の枠組みです。これで同アライアンス参加は、**千葉銀行**、**第四銀行**、**中国銀行**、**伊予銀行**、**東邦銀行**、**北洋銀行**、**北越銀行**、**武蔵野銀行**に加え、9行となります（２０２０年４月には琉球銀行が参加し計10行）。これを契機に、ＴＳＵＢＡＳＡアライアンスは、ＳＤＧｓを踏まえた「ＴＳＵＢＡＳＡ ＳＤＧｓ宣言」を制定しました。今後、ＳＤＧｓアワード特別賞受賞企業の滋賀銀行の参加でそのノウハウの水平展開が図られることが期待されます。

5Ｇを推進するＩＣＴ企業がプラットフォーマーとしてＳＤＧｓ化していくことは関係者のＳＤＧｓ関連課題に対処しますので、ＳＤＧｓ推進上の役割はきわめて大きいです。**ＮＥＣネッツエスアイ**、**ＫＤＤＩ**や**ＮＴＴドコモ**のように全国ネットワークがあるＩＣＴ企業は、目標11「持続可能な都市」を重視しています。

地方金融機関の役割

これからの地方創生のカギを握ると言われる金融機関。地方の金融機関にはいま、ＳＤＧｓを軸にして地域課題の解決に取り組み、ＳＤＧｓを考慮した金融支援を通して地域経済を活性化し、持続可能なまちづくりを推進することが期待されています。

そのヒントを探ることができる、地方銀行の頭取との対談をここに再録しておきます。

地方創生で高まる金融機関の役割――笠原慶久・肥後銀行頭取との対談

２０２０年2月19日開催の「全国ＳＤＧｓ未来都市ブランド会議」には、「地方創生ＳＤＧｓ金融」の役割を唱える肥後銀行の笠原慶久頭取が登壇しました。「ＳＤＧｓは銀行経営の本質」と話す笠原頭取に筆者が実行委員長として話を聞きました。

笹谷：肥後銀行は昨年、銀行として初めて「日本経営品質賞」を受賞されました。そうしたタイミングで、本会議のスペシャル・シンポジウム「地方創生・企業のイノベーションカをどう伸ばすか」にご登壇いただけることを楽しみにしております。当日は、笠原頭取と内閣府地方創生推進事務局の遠藤健太郎参事官が登壇され、ファシリテーター兼コメンテーターを私が務めます。地方金融を代表して、色々なお話を聞かせていただきたいと思っています。

まずは、どのような思いでご登壇されるか、期待することなどお聞かせください。

笠原慶久頭取（以下、笠原）：「SDGs」と英語で言うと新しい考えのような気がします。しかし「三方良し」や「論語と算盤」が昔からあるように、日本にはSDGsが提唱する考え方がベースとしてあると思います。それを世界的なフレームワークとしてやっていくというものですから、まさに本気で取り組み、世界をリードしていかないといけないと思っています。それを推進する全国SDGs未来都市ブランド会議に参画できることを嬉しく思います。

笠原慶久頭取（左）と筆者

笹谷：私は、三方良しに発信性を加えた「発信型三方良し」を提唱しています。日本は同質社会ですから、「わかる人にはわかる」とか「陰徳善事」という考え方があります。でもグローバル時代にそれでは通用しません。

肥後銀行の取り組みを見ていますと、非常に発信性があります。良いことはどんどん発信しないと伝わらないし、伝わらないと仲間が増えない。仲間が増えないとイノベーションが起こらない。そういう問題がありますから、地方銀行としてリーダーシップを握っていただきたいと思っています。

笠原：発信性については同感です。ステークホルダーとの関係に配慮し、関係を良くするよう努めていく必要があります。そのステークホルダーの中にはパブリックも含まれています。パブリックリレーションズは非常に重要だと考えています。

やっていることを過度に言う必要はありませんが、正確に過不足なく伝えていくことがいまは求められているのではないでしょうか。ＳＤＧｓについても同じで、積極的に発信型ＳＤＧｓを行っていくことに賛同します。

実は、日本経営品質賞に応募したのも発信性が重要と考えたからです。肥後銀行は、企業理念に基づき、お客様第一主義、そして地域も行員も大切にする経営をずっと続けてきました。今回のように日本経営品質賞委員会の客観的なフレームワークで評価をしてもらい、賞を受賞することで、社外に「我々はこういう企業だ」とお伝えできます。それに日本経営品質賞は評価の指標としてもわかりやすいです。

銀行業界での受賞は初めてで、金融機関としても第一生命に続き２社目です。そういう意味では社内でも喜んでおります。評価項目の全てが高いわけではないので、低いものは上げていくよう努めていかないといけません。

ＳＤＧｓは銀行経営の本質

笹谷：いまＳＤＧｓをどのように経営の中で設計していますか。

笠原：日本経営品質賞とＳＤＧｓは表裏のようなものだと思っています。日本経営品質賞では、経営品質の基本理念「顧客本位」「独自能力」「社員重視」「社会との調和」の４つの要素をもとに評価を行います。ＳＤＧｓも環境、社会、経済成長の３つに分類でき、求められていることは同じだと思います。

　私たちの経営は、企業理念に基づく現場重視の経営です。さきほどもお伝えした通り、企業理念はお客様起点であり、地域の発展に貢献し、社員が生き生きと働くというものです。ですから、「ＳＤＧｓイコール我々の経営の本質」と理解しています。社員に対しても、そういうことだからＳＤＧｓに真剣に取り組もうと伝えています。

笹谷：ＳＤＧｓの中で企業の本業力を使うということは創造性とイノベーションにつながり、社会を変革する力になります。さらに、銀行は大きなプラットフォーマーです。まず部署内の改革に使えて、行員のモチベーションを上げ、そのモチベーションの上がった行員がそれぞれのお客様に対して色々な提案や商品開発を行うようになります。銀行のようなプラットフォーマーがSDGs化しますと波及力が非常に大きいですね。

笠原：地方銀行ですから、地元の中小企業の方や地方自治体と密接に取引をしております。まずはそういう方々にSDGsを啓発して広めていく。その方々がSDGsに取り組むことで、さらに地域がSDGsに取り組んでいくことになります。その重要な役割を我々が担っているのではないかと思います。

　内閣府のSDGs推進の枠組みの中でも、金融機関に期待されることは大きいです。遠藤・内閣府参事官も「地方創生に向けた「SDGs金融」を浸透させることに取り組んでいます。それを、我々が地方自治体と連携してやっていかないといけないと思っています。

笹谷：その点が素晴らしいです。SDGsをビジネス目線で見たとき、「統合性」が重要になります。環境、社会を大事にしながらも、必ず経済性を追求し、3点が整合性と統

肥後銀行の被災地を回るATM搭載車

合性を持つ必要があります。社会や環境に良いことであっても、採算性や関係者の理解が得られなければ商品化できず、継続性が生まれません。

マイケル・ポーター氏は、社会的課題を解決しながら経済価値を見出そうとＣＳＶ（共通価値の創造）を提唱しています。しかし、社会的課題とは何かというところの客観性が低いです。そこで、「ＳＤＧｓが社会的課題」と考えれば、非常に客観力の高いＣＳＶになります。

肥後銀行はそういう考え方を長く構築されてきました。これからはＳＤＧｓをさらに普及させることで関係者にとってけん引力、模範力になるのではないかと期待をしています。

笠原：ＣＳＶとＳＤＧｓも表裏だと思います。ＣＳＶの価値は、我々自身が定義して具体化していかないといけません。ＳＤＧｓはフレームワークの中に17の価値創造の方向性が示されています。何に取り組むか選ぶことができるから、行動しやすいですよね。

ＳＤＧｓをしっかり理解し、我々に一体何ができるのかということを考えることは、外に発信していく上でも重要です。我々を含め、どの企業もＳＤＧｓのフレームワークをしっかりと理解をして、これを本業の中で適応していくということが求められているのではないかと思います。

笹谷：２０１４年、地方創生を推進する「まち・ひと・しごと創生法」が制定されました。

昨年末、具体策を盛り込んだ第2期「まち・ひと・しごと創生総合戦略」が閣議決定され、内閣府がＳＤＧｓ色を強め、金融の重要性に焦点を当てています。お金を回し、みんなのアイデアが実現していくという地方金融の役割を見える化しようとする動きがあります。

「まち・ひと・しごと創生法」では、地方創生において産官学金労言の関係者連携を進めることが重要とされています。地方金融は幅広い役割を担うことができます。産官学金労言の一角に入り、重要なアクターとして期待が高まっていることをどう思われますか。

笠原：徹底的に連携していかないといけないなと思います。産官学金労言がベクトルを合わせて連携していくことこそがＳＤＧｓ目標17「パートナーシップで目標を達成しよう」ではないでしょうか。そして、お金を回すこともパートナーシップのひとつだと思います。連携をしてベクトルを合わすためのフレームワークをつくることも大事です。

1月29日、肥後銀行とＳＤＧｓ未来都市の熊本市、公益財団法人地方経済総合研究所（熊本市）の三者で「ＳＤＧｓ推進に関する連携協定」を結びました。今後熊本県・熊本市と一緒にＳＤＧｓについて真剣に取り組んでいきたいと思っています。

県と市と我々が一体になって、企業の登録認証制度をつくり、我々が登録認証制度を啓発し、登録認証を受けた企業に対して金融が優遇措置をとり、マスコミがそれを広く伝えていく。さらに経済同友会や商工会議所などの産業界、経済界の団体も団結して推進することができると、地方の経済と社会はＳＤＧｓに向かってしっかり進むのではないかと思います。

笹谷：ここまでＳＤＧｓを自分事化して、使いこなされている経営者の方がいることを大変嬉しく思います。金融全体の動きの中でリーダーシップをとっていただき、より輝く企業になっていただきたいと思います。

笠原頭取はこれから自然資本や文化資本が非常に重要になっていくという先見の明をお持ちだと聞いております。肥後銀行の本店は、熊本の風土と文化を表現した棚田と熊本城の武者返しをモチーフにされ、さらに１階では熊本にゆかりのある歴史的な遺産・文化財を展示する「肥後の里山ギャラリー」を設けています。肥後の良さを徹底的に見直すことをみんなと一緒にやろうというのはＳＤＧｓとも親和性が高く、きわめて発信性が高いです。

セッション当日は、今回のお話のエッセンスをさらに深掘りしていただけることを期待しています。

笠原：昨年７月に策定した投融資に関する指針では、脱炭素社会の実現に向けた取り組みや、生物多様性の保全、農林水産業や観光業など地域振興、文化財の保全事業などに積極的に支援をすることを掲げました。ＥＳＧ投融資の目標額として５０００億円という数字を掲げています。それについてもご報告できるようにしたいと思っています。

笹谷：楽しみにしております。

※２０２０年２月６日に行われた対談。サステナブル・ブランド ジャパン編集局による記事を再整理したもの（https://www.sustainablebrands.jp/article/story/detail/1195896_1534.html）。

ポイント　人と人のつながりから共通価値を創造する

肥後銀行の笠原頭取との対談で地方金融機関の果たす役割がよくわかったと思います。地方金融機関は地域の産業界をよく知っており、自治体とも縁が深いので、地域金融機関のつくるプラットフォームがＳＤＧｓ化すると周りへのＳＤＧｓ波及力が強いのです。ポイントは次の通りです。

○「産官学金労言」の関係者の連携・協働による「協創力」が大事である。特に地方金融機関の役割が重要。

○そのための活動の共通基盤（プラットフォーム）を見つけるコツ、つくるコツは、企業の共通価値創造力を活用することであり、意外と身近にヒントがある。

○プラットフォームを活性化する仲介役・調整役（ファシリテーター）やまとめ役（コーディネーター）の役割も重要になった。

○突き詰めれば、全ては人と人とのつながりである。つながり方が今、課題。うまくつながるにはコミュニケーションの質、コミュニケーション力が重要。

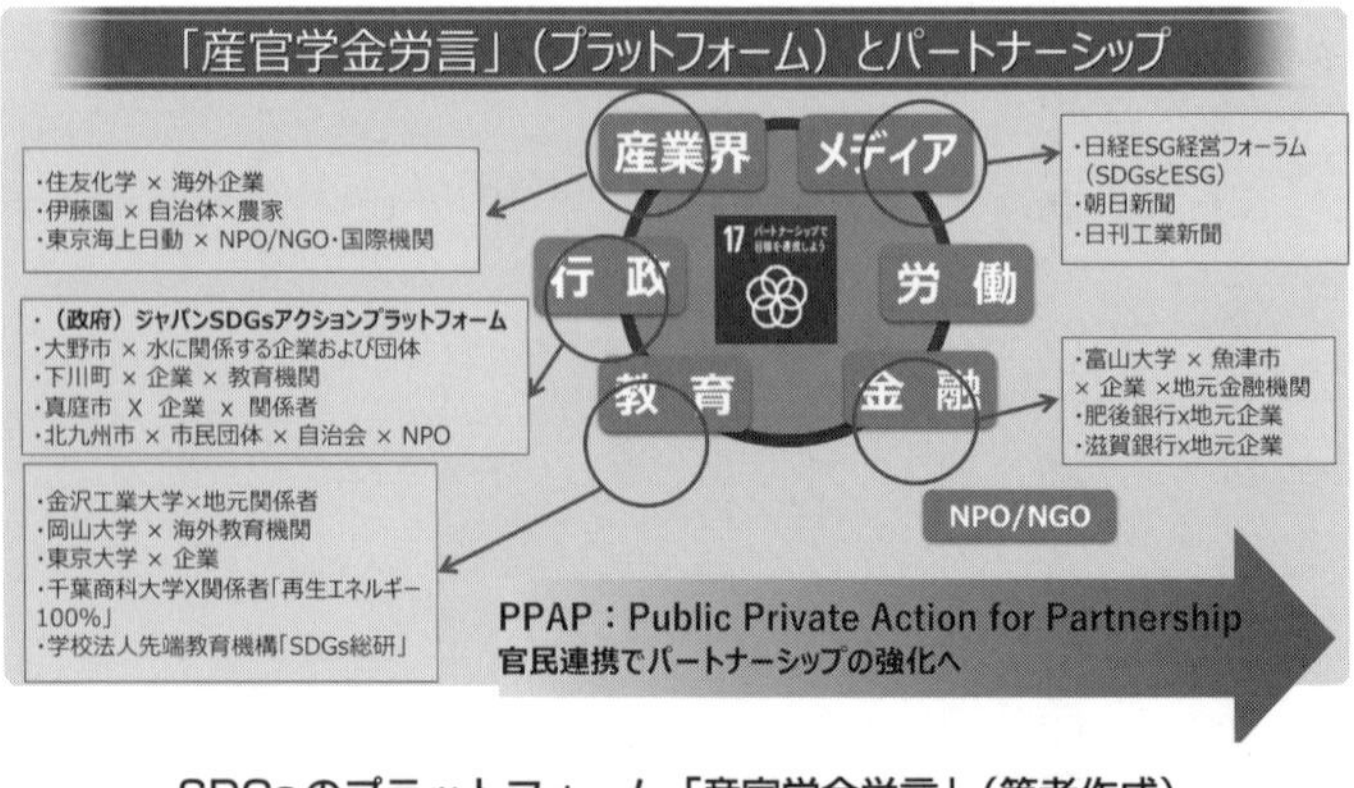

SDGsのプラットフォーム「産官学金労言」（筆者作成）

Sustainable Development Goals

第6章

世界の中の日本

かつてのような「世界から東京」「東京から地方」という時代は終わりました。全ての自治体がダイレクトに世界とつながっているのです。

自治体におけるSDGsの重要性

ＳＤＧｓ推進についての自治体の重要性は、世界的に認識されています。

例えば、ＳＤＧｓの策定直前の２０１５年７月での「アディスアベバ行動目標（Addis Ababa Action Agenda（AAAA））」が参考になります。これは各国首脳や主要大臣などの世界のリーダーが集まる第３回開発資金国際会議（エチオピアの首都アディスアベバで開催）でまとめられた成果文書です。

自治体レベルでの持続可能な開発の推進やその取り組みを支援していく資金手当ての重要性が確認されています。これは、最近では、日本での自治体におけるＳＤＧｓ金融の取りまとめに反映されています。

日本は世界17位

国連の２０３０アジェンダという文書は、今後ずっと世界的な課題を議論する時に踏襲されていく極めて重要な文書になっていきます（外務省のサイトに仮訳もありますのでご一読されることをお勧めします）。

２０１５年９月にこのＳＤＧｓができたあと、国際的な機関である国連関連のネットワークやドイツのベルテルスマン財団というところが世界でのSDGsの達成状況を評価しています。

最新の2020年版で見ると、色の濃いエリアが達成度の高いエリア、色の薄いエリアが達成度が低いエリアとなっています。北欧諸国やヨーロッパが濃くなっているのがわかると思います。この辺がSDGs推進が進んでいるところです。日本はちょうど中間ぐらいの色合いになっています。一方、アフリカあたりはかなり進捗度の低い国が多いです。

国別ランキングでは、1位スウェーデン、2位デンマーク、3位フィンランド、4位フランス、5位ドイツ、6位ノルウェーといったところになります。日本は17位、アメリカ31位、中国48位になっています。

これを紹介しますと、やっぱり日本は駄目かとため息が出るのですが、ドイツ・フランス・イギリス

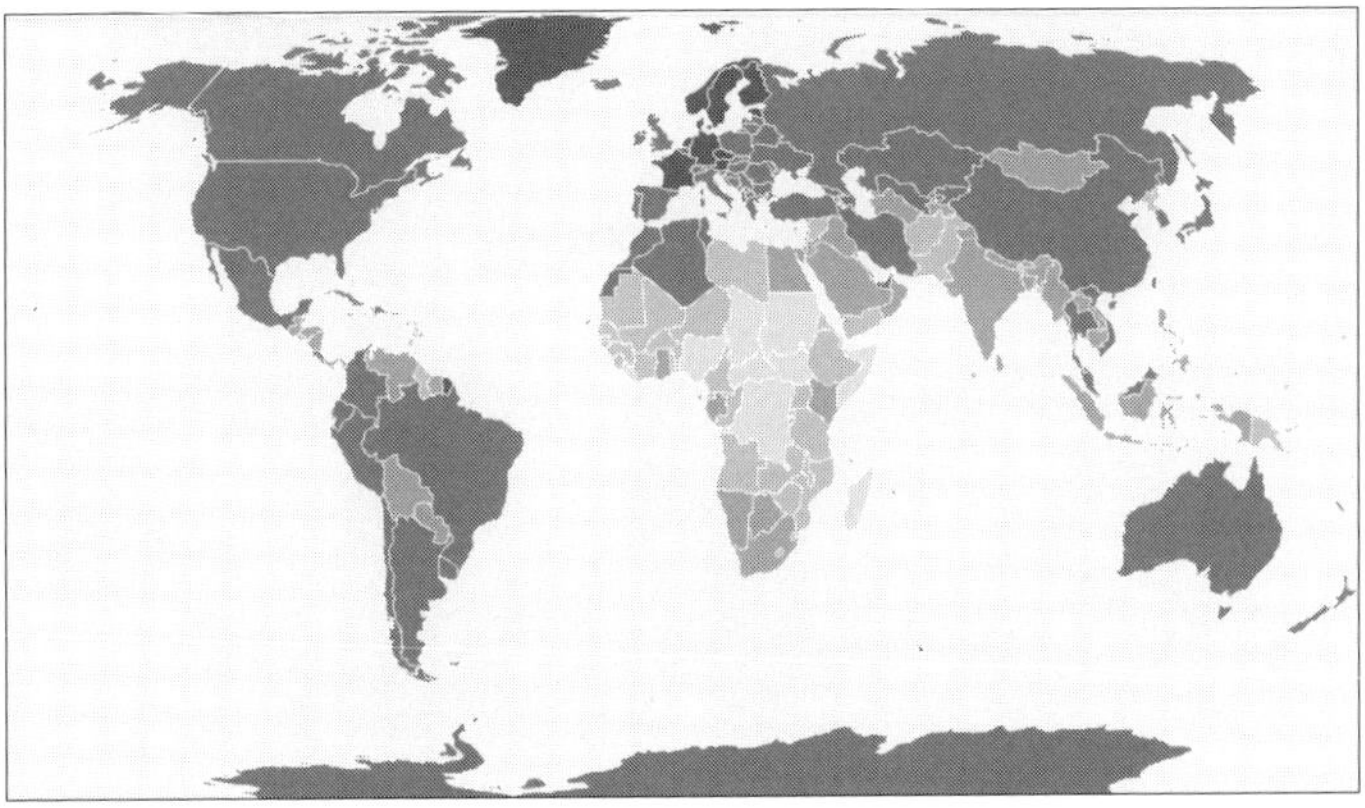

https://dashboards.sdgindex.org/map

出典：SDSN、ドイツ・ベルテルスマン財団「SDG Index & Dashboards 2020」

世界のSDGs達成状況

には負けているものの、よく見てみると人口1億人以上の国では日本が1位です。やはり人口規模が多ければそれなりに課題も多いわけで、決して日本のポテンシャルが低いわけではないと思います。

各国の目標別の進捗度の発表もあり、達成度に問題がある順に、1番目が赤色、2番目が黄色、3番目がオレンジ、4番目が緑色という順になっています。

日本では、緑色の目標は4番の教育とか9番の技術です。赤は5番のジェンダー平等、12番

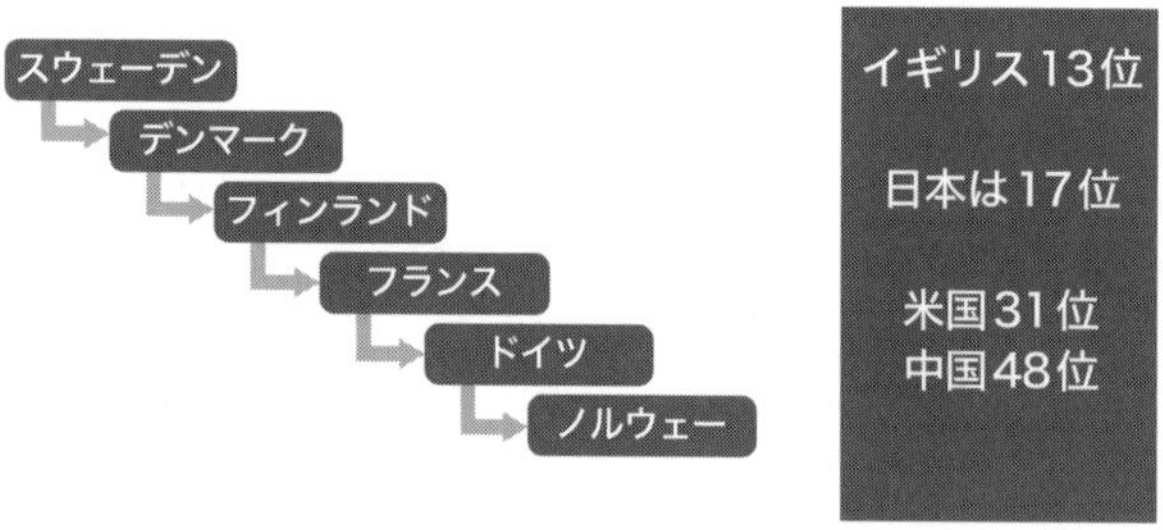

出典：SDSN、ドイツ・ベルテルスマン財団「SDG Index & Dashboards 2020」より筆者作成

世界のSDGs達成状況

出典：SDSN、ドイツ・ベルテルスマン財団「SDG Index & Dashboards 2020」

日本の現況

のつくる責任つかう責任、13番の気候変動、17番のパートナーシップなどです。ジェンダー平等に関しては女性活躍のデータが良くないということが反映しています。つくる責任つかう責任のところは一部の製品のリサイクルの比率の低さ、気候変動に関してはデータの開示の状況、それから17番はＯＤＡの金額です。

　したがって、日本として考えるべき点は2つです。ひとつは達成度の高いところは大いに強みを活かす、一方、達成度が低いところは補強していかなければいけない。一方、ランキングの低い国ではほとんど全てが真っ赤という状況です。日本は17位ですから、先進国の一員として技術力や教育力などの強みを発揮して支援も行っていく必要があります。

　ここからもわかるように、ＳＤＧｓはこれから国際問題を考える上で大変重要な世界共通言語としての羅針盤機能を発揮するものです。

　順位がいくつ上がった下がったということよりも、日本の位置付けと経時変化を見ることが大事だと思います。またランキングを決める上で一定の評価項目を選んでいますので、評価項目の内容もよく見た上で何が原因で順位が上下しているのかを見る必要があります。毎年発表されていますので注目してください。

　以上のように日本の位置付けを客観的に見て「自虐的な」日本人ではなく未来志向になるべきでしょう。

ＳＤＧｓアクションプラン2020

ＳＤＧｓが目標としている２０３０年まで、あと10年です。残念ながら、欧米に比べ日本は出遅れています。スロースターターであった日本ですが、加速すると早いのも日本の特色です。

政府のＳＤＧｓ推進本部による「ＳＤＧｓアクションプラン２０２０」（２０１９年12月20日公表）には「～２０３０年の目標達成に向けた「行動の10年」の始まり～」との副題がついています（https://www.mofa.go.jp/mofaj/gaiko/oda/sdgs/pdf/actionplan2020.pdf）。ＳＤＧｓ実施のための短中期工程表（国際社会への発信を含む）も提示され、２０２１年五輪、２０２５年大阪・関西万博といった「締め切り効果」もあり、ＳＤＧｓの浸透が一気に加速化するでしょう。

最新のいわゆる骨太の方針「経済財政運営と改革の基本方針２０２０について」（２０２０年7月17日）でも、「持続可能な開発目標（ＳＤＧｓ）を中心とした環境・地球規模課題への貢献」という項目の中で、次のように触れられています。

「今回の感染症拡大を機に、我が国として、官民が連携して国内外でＳＤＧｓ推進の機運を醸成し、国際ルールづくりを主導し、イノベーションや関連投資・事業を強化する。

今後の10年を２０３０年の目標達成に向けた「行動の10年」とすべく、人間の安全保障の理念に基づき、具体的な取組を加速する。特に、質の高いインフラ、環境・気候変動・エネルギー、保健といった分野で関連する取組や投資を強化し、世界をリードする。女性、防災、教育、デジタル化及び水循環といった分野でも、ＳＤＧｓの取組を進める。」

このように日本のＳＤＧｓモデルを示して、世界をリードすることを目指しています。日本の自治体ＳＤＧｓの成果や日本企業の最新の技術力を積極的に発信していきましょう。

２０１９年度ＳＤＧｓ未来都市に選定された愛知県では、県内で名古屋市、豊橋市、豊田市、岡崎市も選定されています。

世界の中の日本という視点で「日本創生ＳＤＧｓモデル」を探る最適事例ですので、愛知県の大村秀章知事と対談しました（文中の重要ポイント傍線は筆者）。

「日本創生ＳＤＧｓモデル」――大村秀章・愛知県知事との対談

２０２０年２月20日、第２回未来まちづくりフォーラム（パシフィコ横浜で行われたサステナブル・ブランド国際会議２０２０横浜と同時開催）で、基調講演に登壇した大村秀章・愛知県知事にフォーラム実行委員長である筆者が話を聴きました。

笹谷：未来まちづくりフォーラムは企業や自治体の「協創力」をキーワードに、その関係者が知恵を出し合い新たな日本の未来をつくることを目指しています。さらに、地方創生まちづくりにSDGsを活用することを指針として、「未来まちづくりフォーラムSDGs宣言」を出しています。

フォーラムでは基調講演に登壇していただきます。どのような思いで登壇されますか。

大村知事（以下、大村）：「持続可能な社会づくり」は、日本だけでなく地球規模の大きな課題です。日本や米国、欧州など先進国がリードしていく責任があると思います。

愛知県は日本一の産業県です。経済・産業がトップランナーであれば環境施策でもやはりトップランナーにならないといけない――。そういう思いで環境施策にも取り組んできました。経済・産業面で競争力を高めていくとともに、環境面でもトップランナーでなければ、持続可能ではありません。これは世界の潮流でもあります。

2010年に愛知・名古屋でCOP10（生物多様性条約第10回締約国会議）を開催して以来、愛知県は、2年に1度開催されるCOPに継続して参加しています。我々が主導して

大村秀章・愛知県知事（右）と筆者

サブナショナル政府とＮＧＯの会合を開いて、生物多様性の保全にさらに取り組もうと呼びかけています。

ＣＯＰ10では、２０２０年の世界目標「愛知ターゲット」が採択されました。今後、中国・昆明でＣＯＰ15が開催され、愛知ターゲットが総括されます。新たにポスト２０２０目標が掲げられ、バトンタッチするということになります。愛知県では、今後とも生物多様性に象徴されますように環境政策でもフロントランナーであり続けられるようチャレンジしていかなければならないと思っています。

当日は、そうした愛知県のＳＤＧｓの取り組みを紹介させていただき、お集まりの皆様の参考にしていただければと思います。

在留外国人数が全国2位 多様性のある協創社会をつくる

笹谷：愛知県は２０１９年７月、ＳＤＧｓ未来都市に選ばれました。ＳＤＧｓに含まれる経済・社会・環境という３つの重要な要素を兼ね備えた愛知県が選ばれ、ＳＤＧｓ未来都市にいよいよ本命が選ばれたと見ています。

また、愛知県では２０１４年に「持続可能な開発のための教育（ＥＳＤ）に関するユネスコ世界会議」が開催されています。ＳＤＧｓ目標４「質の高い教育をみんなに」に当たる取り組みも、ＳＤＧｓが発効される前から着手されています。

ＳＤＧｓ未来都市に選ばれた意義と、愛知県の重点課題について伺えますか。

大村：ＳＤＧｓ未来都市に選ばれたのはありがたいことです。愛知県だけでなく、県内の名古屋市、豊橋市、豊田市（２０２０年には岡崎市が追加）が選ばれております。各市の取り組みにはそれぞれの特徴があり、県としても、連携しながら前進していければと思っております。

大事なことは、ＳＤＧｓ未来都市に選ばれたから取り組むというのではなく、これまでずっとやってきているという継続性だと思っています。経済・産業そして環境でもトップランナーになるという流れの中で、２０１４年に「持続可能な開発のための教育に関するユネスコ世界会議」が開催されました。教育、環境面での担い手、人づくりのための世界会議です。

経済・産業、環境、そしてそれぞれに関する人づくりをしっかりやっていきたいです。そういう中で、女性活躍にも力を入れています。愛知県は産業県、モノづくり県です。そうしたことから、特に20〜30代で、男女比のバランスがとれていません。もっともっと女性が輝いて、定着し、自己実現できる社会をつくっていかないといけません。そして障がいを持った方々の活躍のための教育や福祉の連携、就労、バリアフリー社会をつくることを目指して一生懸命取り組んでいます。

外国人について、愛知県は東京に次いで全国で2番目に多いのです。様々な地域の方がいらっしゃるのですが、最も多いのは日系ブラジル人です。

日本語教育が必要な外国人の子どもの数が全国で一番多いですから、外国人の子どもへの日本語教育をどこよりも一生懸命やっています。小学校・中学校などで日本語教育のために配置された教員は全国で約２２００人、そのうち愛知県の小学校・中学校だけで約５００人です（２０１６年度現在、毎日新聞調べ）。その多くの費用を愛知県で独自に負担しています。

約20年前のことですが、私の住む西三河地区はトヨタグループの本拠地でしたので、子どもが保育園や小学生の時、子どもの同級生には外国人の子どもがたくさんいました。しかし、日本語がわからず、授業についていけないので、高学年になるとだんだん減っていくのです。中学校に進学する外国人の子どもはわずかでした。これはおかしいと思いました。

私が知事になり、約２９０人だった日本語教育適応学級担当教員をこの９年間で倍以上の約６００人（２０１９年度現在）に増やしました。小学校１～３年の低学年は６時間授業ではない日が多いので、課外授業を通して日本語をしっかり身に着けてもらえるようにしています。現在では、小学校に入った外国人の子どもは全員が中学校に進学します。

中学校を卒業しても、約８割が定時制や通信教育を含めて上の学校に進学します。着実に効果が出ていると思います。

世界中から多様な人たちに来ていただいて、お互いの違いを認め合いながら、一緒にやっていくという多様な社会をつくっていきたいです。それがまさに協創社会ではないかと思います。日本はいま、グローバル化、デジタル化が増々進み、情報は国境を越えて飛び交うようになっています。そんな時こそ多様性を大事にしてみんなで創り上げていく――。協創という言葉が非常に生きてくるのではないでしょうか。

2020年以降の愛知県

笹谷：お話を聞いていると、ＳＤＧｓの基本要素、基本原則の全てが体現されていると思います。経済・社会・環境が三位一体で動いて、原則の透明性と発信性もあります。知事自らがいろんな意味で発信をされていることが素晴らしいと思います。

　未来まちづくりフォーラムも発信力に力を入れています。日本には「売り手良し、買い手良し、世間良し」という「三方良し」という考えがありますが、良いことをやっているのに伝わりにくいです。陰徳善事という言葉がある通り、良いことは黙っていても伝わると考える方も多いです。

「発信型三方良し」になっていけば、相当に日本は良くなると思っています。今の「世間」は世界的なものであり、ＳＤＧｓが「世間」と理解すればいいです。私は三方良しのＳＤＧｓ化が必要ではないかと思います。そうするとグローバルに良いことが伝わって、日本の素晴らしさを認識してもらえます。まもなく東京オリンピック・パラリンピック競技大会や大阪・関西万博など切れ目なく色々なイベントがあります。オールジャパンで取り組むものなので、愛知県が取り組んできたことを生かしていく機会になるのではないかと思います。

未来まちづくりフォーラムには、非常に感度の高いオーディエンスが企業や自治体などから集まります。ＳＤＧｓはプラットフォームであり、みんなで連携して目標の達成を目指すものです。ものづくり企業が多く集まる愛知県として、企業の役割にどのような期待をしていますか。

大村：企業とは様々な包括協定を結んでいます。ＳＤＧｓや地方創生、産業・経済の活性化、観光振興、食・農林水産業の振興、女性の活躍促進、子育て支援、健康福祉の増進、まちづくりなどの分野です。それぞれの分野に横串を刺していくのがＳＤＧｓであり、それによって持続可能な社会を目指していこうということになるのではないかと思います。

愛知県だけではなく、日本、米国、欧州など先進各国における技術開発、社会の形成を支えるのは「民力」、民間企業の力だと思います。付加価値を生むのも企業の力です。そういう意味で、愛知県は企業力の塊です。ＳＤＧｓを進めていく上で、行政がやれることには限界がありますので、発信力やネットワークを広げて付加価値を生み出すという点においても民力は非常に大きな役割を果たす存在です。これからもさらに前に向かって進めていただければありがたいと思います。

２０２１年は東京オリンピック・パラリンピック競技大会、２０２５年は大阪・関西万博が具体化していきます。実は、愛知県では２０２２年秋にスタジオジブリと協力して「ジブリパーク」を愛・地球博記念公園にオープンする予定です。２０２０年から一部着工します。スタジオジブリ作品は日本オリジナルのコンテンツですし、人やいきもの、地球に対する愛があります。愛知万博の理念の継承、レガシーであり、ＳＤＧｓそのものではないかと思います。

それから２０２６年には愛知・名古屋で、第20回アジア競技大会を開催します。アジアの経済は勃興していますから、オリンピックに匹敵する規模の大イベントです。２０２７年度にはリニア中央新幹線が開通し、東京・名古屋間が40分で結ばれます。そういう時間軸の中で、愛知県としてはＳＤＧｓを柱として頑張っていきたいです。

笹谷：ＳＤＧｓの目標期限である２０３０年までしっかりつながって、途切れることなく着実に進めていかれると思います。未来まちづくりフォーラムも企業のイノベーション力と創造力が発揮できるように頑張っていきます。本日はありがとうございました。

※２０１９年12月25日に行われた対談。サステナブル・ブランド ジャパン編集局による記事を再整理したもの（https://www.sustainablebrands.jp/article/story/detail/1195596_1534.html）。

ポイント

愛知県では２０１４年に「持続可能な開発のための教育（ＥＳＤ）に関するユネスコ世界会議」が開催されました。私も伊藤園取締役時代にこの会合に参加させていただきました。愛知県はＳＤＧｓ目標４「質の高い教育をみんなに」に当たる取り組みを、ＳＤＧｓが発効される前から着手されているのです。

ＥＳＤはＳＤＧｓにおいて「質の高い教育」という目標4に引き継がれました。この「質の高い教育」はＳＤＧｓで極めて重要な位置付けを占めています。なぜなら、現在の地球規模課題は複雑なので、その理解と課題解決には質の高い教育で、しっかり「みんなが学ぶ」必要があるからです。

そのような会合が開催された愛知県には質の高い教育の素地が根付いています。その行政のトップである大村知事から改めてＳＤＧｓの本質を聞くことができたと思います。ポイントは次の点でしょう。

○「持続可能な社会づくり」は、日本だけでなく地球規模の大きな課題。日本や米国、欧州など先進国がリードしていく責任がある。

○大事なことは、ＳＤＧｓ未来都市に選ばれたから取り組むというのではなく、これまでずっとやってきているという継続性が重要。

○世界中の多様な人たちがお互いの違いを認め合いながら、一緒にやっていくという多様な社会をつくる。それがまさに協創社会である。

○日本はいま、グローバル化、デジタル化が増々進み、情報は国境を越えて飛び交う。多様性を大事にしてみんなで創り上げていく、協創という言葉が非常に生きてくる。

○企業とは様々な包括協定を結んでいる。ＳＤＧｓや地方創生、産業・経済の活性化、観光振興、食・農林水産業の振興、女性の活躍促進、子育て支援、健康福祉の増進、まちづくりなどの分野。それぞれの分野に横串を刺していくのがＳＤＧｓであり、それによって持続可能な社会を目指していこうということになる。

○先進各国における技術開発、社会の形成を支えるのは「民力」、民間企業の力であり、付加価値を生むのも企業の力である。ＳＤＧｓを進めていく上で、行政がやれることには限界があるので、発信力やネットワークを広げて付加価値を生み出すという点においても民力は非常に大きな役割を果たす存在である。

Sustainable
Development
Goals

第7章

「スーパーシティ」構想でSDGsスーパー未来都市

スーパーシティ政策はSDGsが政策そのものになった象徴的取り組みです。「まるごと未来都市」を目指します。

スーパーシティとは何か

未来まちづくり関連での最新の政策として、いわゆる「スーパーシティ構想」と呼ばれる、国家戦略特別区域法の一部を改正する法律が成立しました（２０２０年6月3日に法律第34号として公布）。

これまでスマートシティや近未来技術実証特区など様々なシティ政策がありましたが、また新たに屋上屋を重ねるのかといった見方もあろうかと思います。しかしながら、これらはエネルギー・交通などの個別分野での取り組み、個別の最先端技術の実証などにとどまっていました。

政府によれば、「スーパーシティ」は、これらとは「次元」が異なります。異次元の政策ということで、「まるごと未来都市をつくる」ことを目指すものです。いわば、部分最適ではなく「全体最適」をねらっています。

また、この構想は、ＳＤＧｓの実現にも貢献するので、ロゴマークにはＳＤＧｓのロゴも入っています。「J-Tech challenges SDGs」がキャッチフレーズです。

この構想は、今後の進み方によっては、これまでの様々な

※官邸HPより

スーパーシティのロゴマーク

政策の集大成になり、ＳＤＧｓ未来都市の成果を踏まえ一気に世界に冠たるスーパーシティが生まれる可能性があります。

今回のこの政策は「特区」制度を使う事により規制緩和と絡めているところが最大の特色です。これまでいろいろな政策を打っても、様々な規制により、対応できなかった部分に対処するものです。

この構想の特性を理解した、感度の良い自治体等はすでに手を上げており、現在56団体からアイデアが出ています。すでに先陣争いが始まっているわけです。思い返せば２年がかりでこの法案がようやく成立したのが今年でした。

通信分野では５Ｇが今年から実装が始まるということですので、様々な要素がシンクロするこの政策は極めて重要です。

スーパーシティと地方創生ＳＤＧｓ

このスーパーシティ構想は、今後の日本のＳｏｃｉｅｔｙ５・０や地方創生ＳＤＧｓに大きな影響を与えます。

「スーパーシティ」は、「まるごと未来都市をつくる」ことを目指し、次のような総合的なメニューを用意。スーパーシティの基本的なコンセプトは以下の通りです。

① これまでのような自動走行や再生可能エネルギーなど個別分野限定の実証実験的な取り組みではなく、例えば決済の完全キャッシュレス化、行政手続のワンスオンリー化、遠隔教育や遠隔医療、自動走行の域内フル活用など、幅広く生活全般をカバーする取り組みであること

② 一時的な実証実験ではなくて、２０３０年頃に実現され得る「ありたき未来」の生活の先行実現に向けて、暮らしと社会に実装する取り組みであること

③ さらに、供給者や技術者目線ではなくて、住民の目線でより良い暮らしの実現を図るものであること

という、この3要素を合わせ持ったものであると定義しており、これを「まるごと未来都市」と呼んでいます。

この「まるごと未来都市」の実現を支えるのが、大胆な規制改革です。遠隔教育、遠隔医療、電子通貨システムなど、ＡＩやビッグデータを効果的に活用した先進的サービスを実現しようとすると、どうしても、各分野の規制改革を、同時一体的に進めなければなりません。そういう意味では、スーパーシティは、「まるごと規制改革都市」とも言えるかもしれません。

ここで２０３０年を目標にしているところがＳＤＧｓを意識しており、かつ、未来の「あるべき姿」を描き、そこから今やるべきことを考えるというバックキャスティング手法が応用されています。予算措置としては各省庁の予算活用や地方交付税交付金の活用に加え、データ連携基盤整備として3億円が計上されています（令和2年度予算）。

世界各国でも、未来都市の設計に向けて、取り組みが進んでいます。政府では2つに分けて説明しています。

・白地から未来都市を作り上げるグリーンフィールド型の取り組み（例：雄安、トロントなど）

・既存の都市を造り変えようとするブラウンフィールド型の取り組み（例：ドバイ、シンガポールなど）

しかし、中国やドバイなどで革新的な取り組みが先行しつつある一方、トロントでは、住民の不安による混乱も生じているとのことです。現時点では、未来都市はまだ実現していないので、日本で、世界に先駆けて「スーパーシティ」を実現し、世界にモデルを示すことを目指しています。

前述のとおり、政府がアイデアを公募したところ、56の団体から提出され、すでに先陣争いが始まっています。一部を以下に挙げます（令和2年6月1日現在。傍線の自治体はＳＤＧｓ未来都市）。

この政策もＳＤＧｓを理解できなければ置いていかれる代表例となるでしょう。

1 新規開発型

【完全新規】　鎌倉市、牧之原市、東郷町、和歌山市　他

【既存の計画の拡充】　多気町、大阪府・大阪市

2 既在都市型

【自治体の一部】

愛知県、㈱南紀白浜エアポート 他
茨城県・つくば市、京都府、東広島市、恩納村、㈱JSDハイセル
池田市、河内長野市
仙北市、千葉市、木更津市、市原市、藤沢市、掛川市、岡崎市
犬山市、幸田町、神戸市、福山市、下関市、北九州市、㈱ラック

【自治体の全域】

鎌倉市、加賀市、茅野市、豊田市、福知山市
矢巾町、境町、前橋市、新城市 他
更別村、会津若松市、富山市、浜松市、西条市、大刀洗町 他

【中山間地域等】

更別村、豊根村、養父市、美郷町、神石高原町、伊方町
美波町、多良木町、大崎町

「困った」を解決する――ニュー・ノーマル時代のまちづくり

内閣府では、スーパーシティについて連携強化するためのオープンラボを設けています。「地域の困った」を最先端のJ－TECで解決する、というのがスーパーシティの考え方です。

先般の自然災害の被害状況も鑑み、応募締め切りを延長しているものの、
現在**56**団体からのアイディア提出を受付。（令和2年6月1日現在）

	実装フィールドの分類	提案件数※	提案の分類	
1	新規開発型（グリーンフィールド型）	7		
1-1	完全新規	5	現状、更地のエリアの開発	鎌倉市、牧之原市、東郷町、和歌山市　他
1-2	既存の計画の拡充	2	更地ではないが新規開発中のもの	多気町、大阪府・大阪市
2	既存都市型（ブラウンフィールド型）	49		
2-1	自治体の一部	25	空港をハブとしたエリア開発	愛知県、㈱南紀白浜エアポート　他
			大学、研究機関を軸とする開発	茨城県・つくば市、京都府、東広島市、恩納村、JSDハイセル
			団地・ニュータウンの再生	池田市、河内長野市
			その他自治体内の一部	仙北市、千葉市、木更津市、市原市、藤沢市、掛川市、岡崎市、犬山市、幸田町、神戸市、福山市、下関市、北九州市、㈱ラック
2-2	自治体の全域	16	地理的特性を活かした提案	鎌倉市、加賀市、茅野市、豊田市、福知山市
			取り組みの軸が明確な提案	矢巾町、境町、前橋市 、新城市　他
			多様なサービスを展開する提案	更別村、会津若松市、富山市、浜松市、西条市、大刀洗町　他
2-3	中山間地域等	8	住民のQOL向上を目指す提案	更別村、豊根村、養父市、美郷町、神石高原町、伊方町
			地域の魅力向上を目指す提案	美波町、多良木町、大崎町

※複数の項目に該当する場合、提案件数はより地域特性が分かるものでカウント。

出典：「スーパーシティ」構想について（内閣府地方創生推進事務局）

「スーパーシティ」構想　自治体アイディア公募の結果

1.移動	自動走行、データ活用による交通量管理、駐車管理、マルチモード輸送（MaaS）など
2.物流	自動配送、ドローン配達など
3.支払い	キャッシュレスなど
4.行政	パーソナルデータストア（PDS）、オープンデータプラットホーム、ワンストップ窓口、APIガバメント、ワンスオンリーなど
5.医療・介護	AIホスピタル、データ活用、オンライン（遠隔）診療・医薬品配達など
6.教育	AI活用、遠隔教育など
7.エネルギー・水	データ活用によるスマートシステムなど
8.環境・ゴミ	データ活用によるスマートシステムなど
9.防災	緊急時の自立エネルギー供給、防災システムなど
10.防犯・安全	ロボット監視など

出典：「「スーパーシティ」構想の実現に向けた今後の取組について」より

「スーパーシティ」の政策対象例

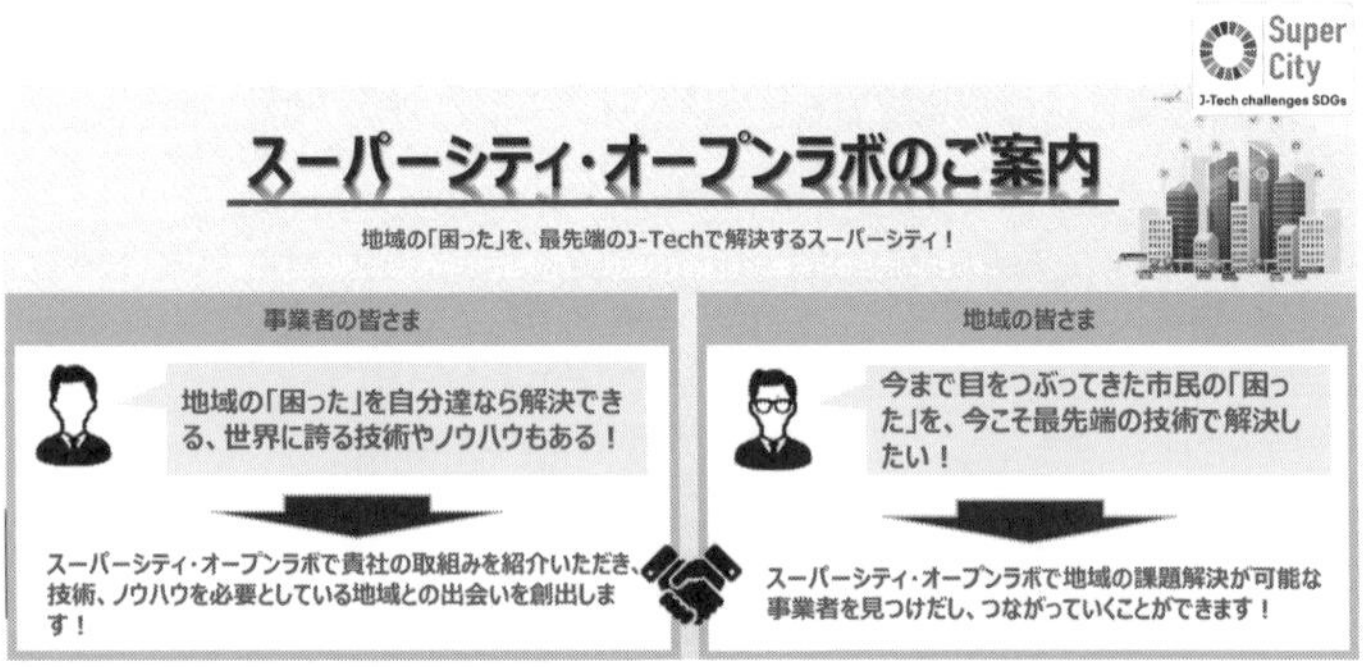

出典：「スーパーシティ」構想について（内閣府地方創生推進事務局）

スーパーシティ・オープンラボの案内

「地域の困った」というところが素晴らしいですね。まさに社会課題解決型のＳＤＧｓ的思考は「社会の困った」からスタートします。漠然と何かＳＤＧｓで生んでいこうというのは無理です。困ったを解決するところから、つまり技術力と創造性とイノベーションの企業の力を使うのです（詳しくは、２０１９年2月14日国家戦略特別区域諮問会議「「スーパーシティ」構想の実現に向けた今後の取組について」資料を参照）。

いま社会は新型コロナウイルスのパンデミックにより「困って」います。日本社会もニュー・ノーマルの模索中にあります。「三密」防止のための対策も今のところかなりアナログですが、これからは徹底したＩＣＴ技術の活用とＤＸ（デジタルトランスフォーメーション）が必要になると思います。

ニュー・ノーマルの模索の最中に成立したこの法律がポストコロナのニュー・ノーマル時代のまちづくりに役立つ、起爆剤になってほしいと思います。

結びにかえて　ＳＤＧｓでグレート・リセット

協創力が稼ぐ時代

ＳＤＧｓは地方創生に世界的視点を与えます。ＳＤＧｓという世界共通の「ものさし」で地域の個性を確認し地域ブランディングができます。

愛知県の大村知事との対談やＳＤＧｓ未来都市の内容からわかるように、今や世界の中の愛知県、世界の中の岡山市、世界の中の大崎町なのです。

地方が稼ぐには、世界的視野に立った、関係者間の「協創力」、協働で新たな価値を創造する力が必要です。ＳＤＧｓの重要な目標である目標17「パートナーシップ」は地方創生の「産官学金労言」の関係者の連携・協働に役立ちます。

「発信型三方良し」による「協創力」、それが自治体ＳＤＧｓの要諦で、関係者の役割は次の通りです。

○企業は、ＳＤＧｓ活用で共通価値の創造（ＣＳＶ）により新たな競争戦略を目指す。

○自治体は、企業の力を引き出し「稼ぐ力」をつける。

○各関係者は、一丸となって協力し、「協創」する。

各地を訪問して随所で「協創の鼓動」を感じます。人と人のつながりによりイノベーションを起こし、優良事例の地理的広がり・時間的広がり・情報的広がりを目指しましょう。

――9・11と3・11

今は新型コロナウイルスの危機があります。これまでも危機がありました。例えば、米国の9・11と日本の3・11です。

米国では、2001年の9・11の同時多発テロで激震が走りました。さらに、2008年のリーマン・ショックで、行き過ぎた経済至上主義を改め社会や環境への配慮への認識が急速に高まりました。欧州でも、英国のEU離脱「ブレグジット」があり、各国でも様々な社会・環境課題がクローズアップされています。

日本では、2011年の3・11の東日本大震災が大きな転機でした。これを契機に、技術や制度に対する信頼が喪失し、自らのことは自らで守る、人への思いやりと絆が大事であるという根本的な価値観の変化が生じました。

――ポストコロナの「グレート・リセット」

しかし、今回のパンデミックは、これらの危機とは次元がちがい、全世界に波及しています。

そして、「ソーシャル・ディスタンス」で、人と人のつながりが分断されています。この中で、ポストコロナに向けた大変革「グレート・リセット」が必要となっています。

今回のパンデミックは、ＳＤＧｓの数多くのターゲットに絡みます。目標３「健康」のうちターゲット３・３に「感染症への対処」があります。その対応に、ほかの目標やターゲットがどう関連するかという、「リンケージ」が重要です。すぐ思いつくのは、同じ目標３のターゲット３・８や３・ｂにある、基礎的保健サービスの整備やワクチン開発です。

これに加え、目標９の技術革新（医療機器や関連機材）、目標８の働き方改革（テレワークなど）、目標４の教育（新たな生活に向けて）、目標16の平和と公正性（誰ひとり取り残さない）、そして目標17のグローバル・パートナーシップが重要です。

そして何よりも自分がどこに住んでいるかが重要になり、目標11の「持続可能なまちづくり」の中で「健康」という要素を強化する必要があります。

ＳＤＧｓがなかった２０１５年９月より前の時代を想起してください。論者がそれぞれポストコロナを語ると思いますが、以上のような「ＳＤＧｓ会話」がないわけです。共通言語なしの会話ですから、コンセンサス形成は難しいでしょう。しかし現在はＳＤＧｓ会話をすれば世界に通用するのです。

――パンデミックとＳＤＧｓ

グテーレス国連事務総長が新型コロナに打ち克つために、より強靭な「包摂的」で「持続可能」な経済と社会をつくり、パンデミックからの「よりよき回復」を図ることは我々の共通の責任である、と述べています。世界が合意したＳＤＧｓとパリ協定が人類と地球に導きの光を提供し続ける、としてＳＤＧｓの役割を再確認しています。

自治体関係者にとってＳＤＧｓはチャンスリストであると同時に、リスクの洗い出しにも役立つものです。これまでの災害、環境、人権、法令、労働のリスクに加え、今は健康リスクと世界の情勢リスク（人やモノの移動規制を含む）が重要です。より深いリスク管理が求められ、そこにＳＤＧｓが機能します。

今後は、ニュー・ノーマルに向けて、生活の仕方や働き方（テレワークなど）の抜本的な見直し、ビジネスのサプライチェーンの見直しも必須です。中堅中小企業も必ずどこかのサプライチェーンに属しています。

自治体はこの観点も入れて様々なリスクに対処しつつ行政を進める必要があります。

このように、行政体系やビジネスモデルの見直しにもＳＤＧｓが有効です。ＳＤＧｓを、政策マターや経営マターとして理解した上で、羅針盤として活用すれば、行政や経営の舵取りに役立ち、関係者の意識改革にもつなげることができます。

今回の新型コロナウイルスの世界的流行によって、ＳＤＧｓがリスク管理においても機能することが、いち早くＳＤＧｓに取り組んできた自治体や企業において再認識されています。

――グリーン・リカバリー

この感染症の克服には、「グリーン・リカバリー」が重要です。感染症によってダメージを受け変容を余儀なくされた経済と社会を、ＳＤＧｓとパリ協定に整合させた形でリカバリーしようという考えです。

パリ協定により脱炭素社会を目指し、ＳＤＧｓにより災害や感染症に対して強靱な（レジリエントな）社会・経済に変革していくという、ピンチをチャンスに変える発想です。

ポストコロナでは、単に元の社会・経済に戻すのではなく、これを契機に変革を伴う、「グリーン・リカバリー」の視点が重要です。そのための優れた羅針盤がＳＤＧｓです。

先進的ＳＤＧｓ自治体やＳＤＧｓ経営企業では、ＳＤＧｓの17目標だけでなく、１６９のターゲットに当てはめる段階に突入しています。世界がこのような予期せぬ危機に囲まれている状況の中で、ＳＤＧｓの価値はいっそう高まってきます。

――グレート・リセットと自治体ＳＤＧｓ

新型コロナ後をにらんで、改めて、ＳＤＧｓを「自分事化」する必要があります。

本書で、日本人特有の問題も浮き彫りにしました。横並び志向とコミュニケーション力の不足の問題です。日本では気づかずによいことが多く起こっています。しかし、「気づかない」ことが問題なのです。

空気を読むといったメンタリティは、今や外国人にはもちろん、日本人でもミレニアル世代やポスト・ミレニアル世代には通用しません。

ポストコロナに向けた「グレート・リセット」はちょうどよいチャンスです。

ソーシャル・ディスタンスなどにより全く新たなグローバル時代を迎えようとしています。この難しい時代に重要なことは、的確な発信とコミュニケーション、そして、それによる「気づき」です。気づくか気づかないかが勝負を分けます。

世界にも通用する発信を行う「ＳＤＧｓによる発信型三方良し」が日本創生・地方創生の要諦です。

令和２年10月

千葉商科大学基盤教育機構・教授　笹谷　秀光

謝辞

本書は、編集いただいた株式会社ぎょうせいの出版企画部企画課、小山由香氏、板倉実菜美氏、越智大介氏をはじめ、関係者の皆様の企画から始まりました。小山氏には、未来まちづくりフォーラムの私の基調講演も聞いていただき、自治体ＳＤＧｓをテーマにした3ステップという企画になりました。同社の皆様に心より感謝申し上げます。

また、内容を確認いただいた自治体・企業の関係者等及び資料収集に協力いただいたＪＦＥスチール・伊藤園ＯＢの内野和博氏に心より感謝いたします。

本書は、全て筆者の個人的見解に基づくものです。本書では、『協創力が稼ぐ時代―ビジネス思考の日本創生・地方創生』（ウイズワークス・２０１５年）で扱った事例のその後の展開にも触れています。また、オルタナ、環境新聞、Ａｇｒ.ｉｏなど私が連載や投稿をしている記事のほか、博展が運営する「サステナブル・ブランド ジャパン」のサイトでの対談記事も活用させていただきました。

企業のＳＤＧｓ経営関連では、『Ｑ＆Ａ ＳＤＧｓ経営』（日本経済新聞出版・２０１９年10月）及び『ＳＤＧｓ見るだけノート』（筆者による監修・宝島社・２０２０年５月）も参照しています。企業ＳＤＧｓについては、これらも合わせてお読みいただければ幸いです。

著者紹介

笹谷　秀光（ささや・ひでみつ）

千葉商科大学基盤教育機構・教授

CSR ／ SDGsコンサルタント

1976年東京大学法学部卒業。77年農林省(現農林水産省)入省。中山間地域活性化推進室長、牛乳乳製品課長等を歴任、2005年環境省大臣官房審議官、06年農林水産省大臣官房審議官、07年関東森林管理局長を経て08年退官。同年（株）伊藤園入社。取締役、常務執行役員を経て19年4月退職。2020年4月より千葉商科大学基盤教育機構・教授。

現在、社会情報大学院大学客員教授、(株)日経BPコンサルティング・シニアコンサルタント、PwC Japanグループ顧問、グレートワークス(株)顧問。

日本経営倫理学会理事、グローバルビジネス学会理事、特定非営利活動法人サステナビリティ日本フォーラム理事、宮崎県小林市「こばやしPR大使」、文部科学省青少年の体験活動推進企業表彰審査委員、未来まちづくりフォーラム2019・2020・2021実行委員長。

主な著書に、『経営に生かすSDGs講座』（環境新聞ブックレットシリーズ14)、『協創力が稼ぐ時代―ビジネス思考の日本創生・地方創生』（ウィズワークス)、『Q&A SDGs経営』（日本経済新聞出版)、『SDGs見るだけノート』（監修・宝島社）ほか。企業や自治体等でSDGsに関するコンサルタント、アドバイザー、講演・研修講師として、幅広く活躍中。

○笹谷秀光・公式サイト―発信型三方良し―

https://csrsdg.com/

○笹谷秀光の「SDGs」レポート（Facebookページ）

https://www.facebook.com/sasaya.machiten/

3ステップで学ぶ 自治体SDGs
STEP③ 事例で見るまちづくり

令和２年11月20日 第１刷発行

著 者 笹谷 秀光

発 行 株式会社ぎょうせい

〒136-8575 東京都江東区新木場1-18-11
URL：https://gyosei.jp

フリーコール 0120-953-431
ぎょうせい お問い合わせ 検索 https://gyosei.jp/inquiry/

〈検印省略〉

印刷 ぎょうせいデジタル株式会社

ISBN978-4-324-10914-4
(3100550-01-003)
〔略号：自治体SDGs３〕